Folk Medicine

la struttura psicomagica nelle medicine popolari

MICAELA BALICE

Codice ISBN:9798536626917
Casa editrice: Independently published

disegno in copertina
Matilde Abrigo

DEDICA

a mia nonna Lucia e a mio nonno Giovanni
che col loro cuore contadino mi hanno trasmesso
l'amore per la Terra.
Agli antenati e le antenate, gli *abuelos* e le *abuelas* del mondo,
che possano sempre continuare a cantarci le antiche storie.

PREFAZIONE

Osso dopo osso, capello dopo capello, la Strega torna.
Attraverso i sogni notturni, attraverso eventi a metà compresi e a metà ricordati,
la Strega Selvaggia ritorna.
Attraverso le storie ritorna.
Canta e danza storie di Morte e Vita.
La Strega beve il veleno, se ne nutre, si ciba, e diventa lei stessa antidoto e Magia.

Clarissa Pinkola Estés

Poetessa, pedagogista, naturopata, floriterapeuta, formatrice, Micaela è molte di queste cose, ma la parola a cui l'associo maggiormente è *stria*.

Stria in piemontese e altri dialetti vuol dire "strega", ma non fa riferimento alla figura inquietante che il folklore cattolico ci ha trasmesso. La *stria* è la donna saggia, la donna selvatica che sa leggere il libro della natura, che conosce le erbe, i moti della luna e del sole, e, ovviamente, l'arte della magia... e della medicina popolare.

Strie è anche il nome dell'azienda agricola, tramutatasi poi in Associazione culturale ed infine in un progetto di cui Micaela si prende cura da molti anni. Il suo scopo è sempre stato quello di recuperare e diffondere il sapere delle campagne, il senso di appartenenza alla terra, la dimensione dell'essere umani, di lanciare un nuovo incantesimo, restituire meraviglia, a un mondo che Weber dichiarò disincantato nei primi anni del 1900.

La magia delle *strie* si basa sui flussi emotivi dell'anima umana, sulla vocazione femminile alla cura, sulla capacità di vedere delle fratture nella descrizione ordinata di un mondo ordinario che si aprono verso lo spazio del sogno e del mito. È in quelle zone di confine che la *stria* agisce il suo potere e porta la sua medicina.

Ci vuole molto coraggio a parlare di magia e medicina insieme in un periodo come questo e il libro che avete tra le mani lo fa, senza una visione *naïf*, ma con una approfondita ricerca sia antropologica che sociologica.

Quando parliamo di medicina popolare ci stiamo riferendo ad un insieme di pratiche (e credenze) che trovano la propria radice nel mondo contadino. Con la rivoluzione industriale, infatti, si marcò la separazione tra quella che poi si è evoluta nella medicina "ufficiale" e la medicina "tradizionale" erede di autori classici quali Galeno e Ippocrate, che aveva radice nelle stelle, in quanto era in grado di leggere, nella corrispondenza tra cielo e terra, le virtù che la natura nascondeva in ogni erba.

L'OMS, come l'Autrice sottolinea più volte nel testo, si sta interrogando dal 2004 sull'importanza delle medicine tradizionali del mondo e sulla loro applicazione nella modernità, e questo testo partecipa nel fornire una risposta alla domanda: *qual è il senso di parlare di medicina tradizionale e popolare, oggi?*

Conobbi Micaela molti anni fa, quando un'amica in comune decise di coinvolgermi in un suo corso sulle feste contadine. Ci accolse in una cascina persa in mezzo alle colline del Monferrato, in un luogo meraviglioso, e suo figlio giocava felicissimo e selvatico nella natura, per nulla intimorito da insetti o misteriose minacce invisibili.

Micaela ci accolse nel suo laboratorio e iniziò a raccontarci le tradizioni agresti, i movimenti della luna e le storie connesse ad ogni sua fase, i riti delle civiltà contadine. Da brava strega evocò le visioni di mondi apparentemente lontani e perduti, ma incredibilmente vicini.

Non fu solo la sua conoscenza a colpirmi in quella occasione, né l'abilità nel narrare e nel trasmettere la passione per l'antropologia e la natura. Ciò che mi colpì fu il fatto che per giorni e giorni, successivamente a quell'incontro, continuai a pensare ai fuochi dei primi di maggio (ormai spenti, ma forse ancora accesi sotto le braci del "progresso"), alle donne che imparavano a tessere il destino osservando il movimento della ruota celeste, all'unione dei nostri antenati con madre natura, mascherata da Vergine Maria, che ridisegnava i confini del possibile oltre quelli che pensavo di conoscere e offriva medicine sotto forma di preghiere ed erbe.

Insomma, mi sentivo ispirato e quell'ispirazione determinò molte delle mie scelte di vita successive.

Pertanto, se avete intenzione di leggere *Folk Medicine, la struttura psicomagica nelle medicine popolari* come testo di approfondimento sul tema, sentitevi pure in ottime mani.

Ma se volte coglierne il messaggio nella sua interezza, immaginate che questo non sia un libro, ma il biglietto di sola andata in direzione di nuovi mondi di cui neppure sospettavate l'esistenza.

Buona lettura.

Nicola (Diego) Dentico
Naturopata e praticante di Medicina Tradizionale Maya

INTRODUZIONE:
IL SENSO DI UN APPROCCIO DI
ETNOMEDICINA OGGI

*In mezzo alla piazza della città e d'ambo i lati del fiume
stava l'albero della vita che dà dodici raccolti,
e porta il suo frutto ogni mese;
e le foglie dell'albero sono per la guarigione delle nazioni.*

Apocalisse 22:2

Parlare oggi di Medicine Popolari o Medicine Tradizionali (intese come quelle legate alle tradizioni antiche) potrebbe sembrare in qualche modo anacronistico.

La scienza e la relativa tecnologia scientifica paiono avere le risposte al grande mistero che è la malattia e paiono soprattutto avere le risposte giuste, studiate, tecniche che l'intuito e le credenze popolari non hanno e non possono avere.

Allora perché occuparci ancora oggi di medicina popolare? Perché cercare di recuperare un qualcosa che viene generalmente collegato alla superstizione o, in modo più raffinato, al pensiero magico?

Cos'hanno da offrirci ancora oggi la Folk Medicine, lo Sciamanesimo, il Curanderismo, le medicine naturali in generale?

E soprattutto: perché ancora oggi gran parte della popolazione mondiale continua comunque a fare riferimento a questo setting di cure, pur integrandolo con le risposte della scienza medica?

Come vedremo il legame dell'essere umano con l'istinto di cura è antico e appartiene alla natura stessa degli uomini e delle donne, non è da essi né sradicabile né prescindibile.

La medicina, nel senso dell'insieme di strategie per una lettura della malattia e relativi tentativi di cura attuati dalle comunità, nasce infatti con l'uomo stesso e con esso si evolve.

Anzi, potremmo anche affermare che l'istinto terapeutico sia insito nella natura stessa degli esseri viventi come dimostrano i comportamenti animali e la loro capacità di selezionare piante o atteggiamenti o ancora luoghi che favoriscano la guarigione pur non avendo quella che noi chiamiamo consapevolezza o conoscenza.

Di conseguenza, come si formarono ed evolvettero le comunità umane così si formarono ed evolvettero le strutture di pensiero che elaborarono tutte le informazioni necessarie per la sopravvivenza della comunità stessa: e la cura è tra le fondamentali.

Forse non è neppure possibile distinguere tra le varie discipline, come siamo abituati a fare oggi, poiché tutto l'assetto culturale (dalla spiritualità alla quotidianità) nelle culture tradizionali era rivolto al mantenimento in vita del clan: abitudini alimentari, stili funerari, riti di passaggio, architettura del villaggio, classi sociali, uso delle erbe, cerimonie e via dicendo ruotavano (e ruotano ancora oggi in quei posti dove la tradizione è ancora forte nonostante la globalizzazione) attorno ad uno stesso perno: la vita della comunità.

La trama che tiene insieme i vari aspetti in questi contesti a cultura prevalentemente orale è il tessuto simbolico: linguaggio, disegni e segni, miti e narrazioni sono i fili che tessono un quadro di insieme dove è possibile avere accesso alle informazioni di conoscenza, chiare ad ogni membro della comunità mentre probabilmente per noi oggi oscure e relegate al mondo della "fantasia".

La Folk Medicine o medicina del popolo si colloca dunque all'interno di un complesso sistema e non è estrapolabile da questo senza causarne un impoverimento nel senso più profondo del termine: fuori dal contesto nel quale è nata non ha più potere.

Il tentativo delle scienze contemporanee di studiare la fitoterapia tradizionale, ad esempio, ponendo grande attenzione ai principi attivi delle erbe ma spogliandole di tutto quello che è la complessa ed intima relazione dell'uomo e della donna del popolo con il suo territorio, produce solo un fitofarmaco che diventa la replica naturale del prodotto chimico e non ne include le potenzialità psicosomatiche.

Come tale agisce nella sua separatezza come principio attivo o complesso di principi attivi ma trascura la relazione del soggetto col suo mondo: il territorio (fisico oltre che emotivo) di appartenenza e il suo bisogno di un mondo del sogno dove le cose accadono (anche i miracoli): tutti elementi in più che vengono invece donati nella pratica della medicina popolare e che potenziano il rimedio stesso.

Il tentativo di questo testo diventa quindi quello di dare un'immagine di insieme delle medicine popolari nel loro complesso sistema culturale e simbolico e di porsi in ultima analisi il quesito se anche nel nostro mondo "occidentale ed evoluto" vi sia spazio per una etnomedicina contemporanea anche in visione di una prospettiva multiculturale delle società.

Per fare questo proveremo ad analizzare il contesto delle medicine popolari ricercando in primo luogo i punti in comune piuttosto che le diversità e tipologie locali: la morfologia o il linguaggio di base, insomma, che è insito nella natura umana e che si riproduce in modo onirico, psichico, emotivo, artistico etc. con una trasversalità di tempo e di spazio sorprendenti.

Cercheremo inoltre di focalizzare l'attenzione alla medicina popolare italiana, sovente svalutata e ritenuta superstizione piuttosto che ricchezza culturale mentre si volge lo sguardo al cosiddetto *sciamanesimo* estero. E proveremo anche qui a delineare i punti in comune per scoprire o riscoprire uno *sciamanesimo* popolare tutto nostrano.

Una volta contestualizzata la medicina popolare, sarà più facile al lettore, sia nella sua veste di semplice curioso del tema sia come tecnico (guaritore, psicologo, pedagogista, terapeuta, mago o sciamano) entrare forse in possesso di una nuova prospettiva che arricchisca quella precedente e ne stimoli magari nuove riflessioni.

È opinione dell'autrice che un approccio *etnomedico* sia di fondamentale importanza anche e soprattutto oggi che gli aspetti locali sono stati diluiti dalla spinta della globalizzazione economico-culturale e che l'unica traccia di questi che rischia di rimanere stia sfociando in modo malsano negli *-ismi* di vario genere costruendo barriere, muri, confini e pulizie etniche in nome della difesa del proprio territorio.

Per una volta potremmo, anziché guardare alle altre culture dall'alto con saccenza e superiorità, provare a guardare alla nostra dal basso, al suo aspetto popolare, per comprenderla ed avere anche maggiore comprensione di noi stessi.

Prima che sia troppo tardi.

NOTE PER LA LETTURA DEL TESTO

Il linguaggio, sebbene ci dia grandi possibilità espressive, è anche limitante per molti versi, soprattutto in quanto legato intimamente al setting psico-sociologico della cultura di appartenenza: ogni cultura immagina il mondo e lo definisce con dei termini.

Pertanto alcune parole in italiano non riescono a definire con completezza il senso di quanto vorrei comunicare. Mi trovo quindi ad anticipare alcune note per facilitare poi la lettura avvicinandola al senso che intendo dare al testo.

Intanto *Medicina Tradizionale* o *Medicina Popolare*: l'Organizzazione Mondiale della Sanità, e lo leggerete nel prossimo capitolo, utilizza il primo per definire quelle metodiche con una lunga storia alle spalle, comunicate per via orale e legate alle tradizioni di un popolo.

Per quanto mi riguarda la *Medicina del Popolo* o *Folk Medicine* (che è il termine che preferisco) è ancora qualcosa di più complesso: se la Medicina Tradizionale appartiene comunque ad una casta in qualche modo medica, la medicina del popolo appartiene al popolo stesso.

Benché vi siano figure addette alla guarigione e alla cura, cura e guarigione erano e sono nelle mani di chiunque: appartengono alla cultura tradizionale di appartenenza, al rapporto con la propria storia, col proprio territorio e con la propria comunità. Fanno parte dell'istinto umano di sopravvivenza affinato dalla conoscenza millenaria.

Sono un diritto: la medicina è un diritto per tutti.

Nel testo mi troverò ad utilizzare spesso MT come abbreviazione di Medicina Tradizionale ma in qualsiasi caso venga declinata, la mia accezione rimane quella di medicina del popolo.

La seconda nota riguarda un problema linguistico che l'italiano pone ogni volta si debba declinare il genere di un nome.

Scrivere di guaritore, sciamano, sacerdote come figure portanti del sistema di guarigione nelle MT implica consegnare un immaginario al maschile, benché nella nostra lingua il genere maschile indichi in senso generico entrambi i generi.

Come quando usiamo *l'uomo* intendendo l'umanità.

Molto diverso è in altre lingue, in cui il genere è meno importante e viene ricavato dal contesto della discussione: il *Kimbanda* dell'Angola o il *Dibia* nigeriano sono termini che esprimono la qualifica di guaritore ma non il sesso: possono essere maschi o femmine, sarà la contestualizzazione del discorso a chiarirlo.

Nell'inglese nigeriano, *pidgin English*, si usa anche un termine che a me piace molto: *natural doctor*. Anch'esso neutro, neutralità che caratterizza comunque la lingua inglese.

In italiano anche una sedia ha un genere e quindi, non volendo regalarvi un testo tutto al maschile che neghi in modo inconscio sia la presenza sia l'importanza dei rispettivi ruoli al femminile, talvolta mi sono dilungata in scritte quali *il guaritore e la guaritrice, il sacerdote e la sacerdotessa, lo sciamano e la sciamana* che sicuramente appesantiscono il testo ma che allo stesso tempo ci donano un immaginario corretto.

Forse un giorno la nostra amata lingua saprà evolvere forme che sappiano superare i problemi di genere.

La terza nota riguarda i ruoli occupati dalle figure mediatrici nella guarigione.

Questo testo vuole essere una traccia per una struttura di pensiero (una morfologia, un setting psicosociale o psicomagico, come esprime il sottotitolo) delle medicine popolari. Pertanto mette la luce sui punti in comune e non sulle differenze che però ci sono, esistono e non vanno trascurate.

Semplicemente non è questo il testo che le tratta.

Avendo l'obiettivo di trasmettere un background, una struttura di pensiero di base sulla quale poi ognuno possa costruire i modelli a cui si ispira, ho scritto di guaritori/guaritrici, sacerdoti/sacerdotesse o sciamani/sciamane trattandoli per i loro punti in comune e dando magari l'impressione che siano una stessa figura oppure viceversa che siano figure separate con tagli netti e nette differenze

Ovviamente non è così: i confini in queste figure non sono mai netti e andrebbero contestualizzati nelle culture di appartenenza.

Possiamo dire che essi utilizzano una struttura di pensiero molto simile, che andremo a trattare, ma che ovviamente hanno ruoli ben differenti all'interno delle comunità.

Il guaritore tratta il corpo ma così facendo guarisce anche il mondo degli spiriti mentre il sacerdote guarisce lo spirito ma così facendo cura anche il corpo.

Lo sciamano nel suo ruolo arcaico riesce a compenetrare entrambi i ruoli sia di guaritore sia di sacerdote in connessione con le entità.

Idem per le controparti femminili. Ovvio.

Mi rendo conto che queste semplificazioni possono fare torto alle molte diversità insite nel vari ruoli (e non solo dovute ai ruoli ma anche ai contesti culturali e storici di appartenenza), ma appunto non è questo lo scopo di questo testo.

Infine ci tengo a precisare che verranno fatti vari riferimenti alla cultura africana: credo che pur nelle molte differenze essa contenga il seme stesso della nostra cultura d'origine e mantenga ancora (pure se sconvolta anch'essa dai cambiamenti indotti dalla globalizzazione) quella natura primordiale che l'avvicina al nostro mondo arcaico e simbolico. Può quindi essere molto utile come specchio per riconoscere le radici stesse del nostro pensiero magico.

Specificato quanto sopra non mi resta che augurarvi una buona lettura nella speranza che questo testo non dia risposte o conclusioni ma piuttosto apra nuove prospettive sull'importanza e contemporaneità delle medicine del popolo.

1. LA MEDICINA DEL POPOLO:
LA SCIENZA SEMPLICE

"Oh! grande è la potente virtù
che risiede nelle piante, nelle erbe, nelle pietre,
e nelle loro intime qualità.
Poiché nulla esiste sulla terra di così vile
da non portare alla terra una sua qualche utilità"

Frate Lorenzo in Romeo e Giulietta, Shakespeare

Secondo Wikipedia l'etnomedicina *"si occupa dello studio delle medicine tradizionali: non solo quelle che hanno rilevanti fonti scritte (ad esempio la medicina tradizionale cinese, l'ayurveda), ma soprattutto quelle le cui conoscenze e le pratiche sono state trasmesse oralmente nel corso dei secoli.*

L'importanza dello studio delle medicine tradizionali è dovuto principalmente al fatto che gran parte della popolazione mondiale non può accedere a forme diverse di cura e come possibile fonte di nuove ricerche per la medicina accademica."[1]

Se esprimiamo lo stesso concetto in modo meno colonialista (ovvero se vediamo la cosa dal punto di vista delle comunità

---

[1] https://it.wikipedia.org/wiki/Etnomedicina

tradizionali e non della nostra) le medicine popolari sono le tecniche di cura maggiormente diffuse in modo assolutamente naturale in tutto il globo terrestre.

E se è in parte vero che l'accesso alle cure accademiche si sia espanso, benché in modo non omogeneo, in gran parte del mondo è altrettanto vero che l'uomo si è sempre curato sin dalla sua presenza sulla terra con le medicine popolari e semplicemente continua a farlo.

E se le medicine contemporanee nascono ed hanno il loro boom solo dopo gli anni cinquanta del secolo scorso con l'avvento della chimica industriale (sono quindi molto giovani), la medicina del popolo appartiene invece al naturale istinto umano e ha accompagnato l'umanità attraverso le epoche sino a questa era.

Se non fosse per le tecniche popolari di cura e guarigione, l'umanità si sarebbe estinta ancora prima di diventare sapiens.

Scrive Diego Dentico: *"...tanto in Africa quanto in America, le popolazioni tribali avevano sistemi medici e culturali molto avanzati, che guardavano all'essere umano nella sua interezza (incluso il suo posto nella biosfera) invece che una creatura scissa tra corpo e mente così come Cartesio aveva teorizzato.*

Sia il sistema medico americano sia quello africano, per esempio tenevano in alta considerazione l'influenza della psiche sulla salute e davano molto valore a rituali curativi con cui questa veniva richiamata indietro nel caso in cui fosse "fuggita" in seguito a un trauma.

Entrambi conoscevano l'esistenza dei batteri – per quanto descritti in maniera diversa: i Lakota usavano fumigare i propri teepee con la salvia bianca, pianta dal potere antibiotico, per evitare di contrarre la febbre, i Totonachi temevano i venti che si sollevavano dalle profondità delle caverne, in quanto carichi di "spiriti di malattia" che si sviluppavano nel guano di pipistrelli. Entrambi i sistemi utilizzavano capanne del sudore e manipolazioni corporee per depurare il corpo dalle tossine e risistemare le ossa rotte"[2]

Da parte nostra nessuno può negare l'importanza della medicina egizia, di quella ippocratica, della scuola salernitana e via dicendo nel porre le basi di quella che oggi viene chiamata scienza.

Se eventualmente un giorno tutto questo splendido apparato tecnologico che ci circonda e sul quale è basato tutto il nostro benessere non sarà più sostenibile (e basta un blackout), saranno le medicine naturali e tradizionali a salvare ancora una volta quella porzione di umanità che ne avrà conoscenza e accesso.

---

[2] Diego Dentico in *Il giardino delle curanderas*, Anima, Milano 2018, pag. 50

Ciò non toglie l'importanza né tanto meno l'efficacia della medicina accademica contemporanea, alla quale dobbiamo essere grati per la precisione e la velocità di intervento, per le conquiste nel miglioramento della qualità della nostra vita e per la battaglia quotidiana che fanno nello sconfiggere l'atavico mostro a tante teste che è la malattia.

Come molti operatori auspicano (spero da entrambe le parti) potrebbe essere nella collaborazione e non nel semplice *aut aut*, la ricchezza e la crescita delle strategie per la salute ed il benessere delle persone, mantenendo separati e chiari i campi di intervento e definendone possibilità e potenzialità reciproche.

La medicina popolare non è né sarà mai come la medicina accademica poiché – e lo dicono i termini stessi che le definiscono – l'una nasce tra il popolo e l'altra in ambiente scientifico ed universitario.

La prima si fonda su una conoscenza empirica grossolana che si forma dalla stretta relazione della comunità col suo ambiente di appartenenza: il villaggio, il bosco, il clima, il tipo di terreno e di risorse, la tipologia stagionale.

La natura è sovrana e padrona e nelle cosmogonie ha sempre un posto divinizzato: siano questi dei, divinità minori o semplici (si fa per dire) spiriti di natura.

La relazione con la natura nel suo complesso è il perno ove tutto ruota e tutto deve tornare: non c'è scampo al di fuori di essa.

Sperimentazioni empiriche di riti e rimedi generano un linguaggio orale di conoscenza che viene tramandato con storie, simboli, immagini, miti poiché la scrittura descrittiva non appartiene al linguaggio del popolo.

In questo assetto comunicativo le sfumature si aggregano, le differenze o modificazioni possono contestualizzare e rendere unico un intervento: quello che rimane fermo è il linguaggio di base: il linguaggio degli dei.

Individuale e collettivo hanno entrambi i loro spazi di elaborazione, sono accettabili entrambi purché si mantengano i presupposti di base.

Possiamo comprendere come sia completamente differente il mondo della medicina accademica che invece necessita della estrema oggettivizzazione dei concetti: la statistica impera ed un sistema è valido se funziona su larga scala.

L'individuo deve rientrare nelle categorie standard altrimenti non c'è cura, non c'è spazio, non c'è investimento.

La complessità umana è sezionata ed assegnata a diversi specialisti che si prendono cura solo ed esclusivamente di un aspetto: un pantheon di guaritori che raramente comunicano fra loro.

Il contesto ambientale e sociale è ignorato, anche sovente dagli approcci psicologici e psichiatrici.

Raramente vi è intervento sulla comunità se non in casi di stretta necessità (dalle campagne per la salute alle prescrizioni estreme nel caso della pandemia Covid-19).

In ogni caso gli interventi sono didattici, preventivi o comunque tecnici o peggio normativi, differendo notevolmente da quel mondo complesso di rituali collettivi che invece è tipico della medicina popolare.

La differenza stessa va catalogata e definita nella sua normalità o meno.

Se pensiamo che il DSM (*Diagnostic and Statistical Manual of Mental Disorders*, manuale che definisce le malattie mentali riconosciute) nella sua quinta edizione del 2013 ne raccoglie più di 370 tra cui il *disturbo disforico premestruale* (ovvero quei sintomi di cui sovente noi donne soffriamo prima del ciclo), possiamo comprendere come l'approccio sia concentrato sulla separazione piuttosto che sull'unificazione.

Ripeto: non è in discussione qui il valore terapeutico della medicina accademica ma la possibilità di collaborazione con approcci che hanno una valenza psicosociale e non strettamente medico-farmacologica, approcci che si ritengono fondamentali per una presa in carico globale della persona e del suo stato di benessere.

Tra le caratteristiche generali della medicina del popolo, la scienza semplice, possiamo quindi individuare intanto un aspetto di multidimensionalità.

Il linguaggio simbolico da essa utilizzato permette letture trasversali in cui l'elemento interpretativo è fondamentale: oggettivo e soggettivo, comunitario e personale si amalgamano, assumono aspetti compenetranti gli uni negli altri, generando una conoscenza ed una comunicazione talvolta paradossale come è tipico del linguaggio mitico e di quello onirico e come diventa invece incomprensibile per il linguaggio scientifico così per come lo conosciamo noi.

Un'altra caratteristica fondamentale è il legame con l'ambiente: non esiste medicina popolare senza un ambiente naturale comunitario di riferimento.

Che sia il villaggio o il quartiere in ambito urbano, la medicina popolare necessita della stretta relazione col territorio.

Il guaritore, se non riceve in piena natura, riceve in casa o in ambienti molto simili a quelli domestici; il setting è definito da simboli (drappi, statue, colori) ma il legame col resto della comunità è intenso.

Gli elementi utilizzati sono sovente gli stessi che si usano in una qualsiasi cucina, magari con qualche rito in più o mescolati con altre sostanze meno comuni.

Tra i riti di guarigione e le cerimonie religiose e spirituali c'è un continuum facilmente riconoscibile.

Se cambia il contesto naturale cambiano anche i trattamenti ed i riti. Non può essere diversamente: comunità e natura sono due variabili interconnesse e col variare dell'una (e della relazione con l'una) varia inevitabilmente la relazione con l'altra e la stessa medicina si trasforma.

Diego Dentico, sciamano e attento studioso della cosmovisione maya e dei *curanderos* guatemaltechi, mi raccontava in un colloquio privato come nell'uso rituale la coca cola abbia sostituito l'*atole*, bevanda sacra, e le sigarette industriali i sigari tradizionali.

Il cambiamento è un evidente adattamento alla modernità senza però perdere né la tradizione né la comunicazione simbolica che l'oggetto tramanda. Per mantenere la tradizione si fanno delle modifiche ma lo schema di pensiero paradossale ritorna.

Diventa evidente la differenza coi nostri ospedali (luoghi separati della malattia, staccati dalla quotidianità della nostra esistenza) e con i nostri farmaci pronti ad agire nello stesso identico modo qui così come nel più disperso villaggio del pianeta a prescindere dal contesto e dal singolo.

L'approccio è altro.

Altra caratteristica della medicina del popolo è che essa è basata essenzialmente su elementi naturali derivati dal mondo animale (incluso quello umano), vegetale e minerale e sulla relazione che l'uomo ha con essi.

Possono includere le "evoluzioni" elaborate dall'uomo (come la coca cola al posto dell'antica bevanda artigianale) ma difficilmente includono sostanze artificiali, ed in questi casi l'elemento significativo è l'aspetto simbolico e non quello chimico.

La naturalità degli oggetti utilizzati sia nei rituali sia nei rimedi garantisce la comunicabilità con quegli spiriti di natura che si andranno a risvegliare per ottenere quanto richiesto.

La tipologia di elementi utilizzati sarà quindi in stretto rapporto con il territorio in cui la comunità è inserita da secoli e con il quale ha fatto un patto di reciproco sostentamento.

Diventa così essenziale la noce di cola nei riti dell'Africa Occidentale così come il peperoncino in quelli dell'Italia Meridionale, per fare qualche esempio.

Simboli, Spazio, Tempo e Struttura che delineano la *cosmovisione*[3] della comunità tradizionale sono i quattro pilastri di questo mondo naturale nel quale la comunità è inserita, nel qui e ora così come nel tempo dell'eterno dove risiedono gli avi.

La medicina del popolo non è quindi una medicina dotta o erudita. Non si insegna a scuola e non appartiene alle classi sociali agiate.

È la medicina dei poveri, delle classi sociali meno abbienti, degli ignoranti.

È accessibile a tutti ma praticabile solo da alcuni che per naturali attitudini sono più inclini ad intendere il linguaggio simbolico e archetipale di cui è costituita.

Si differenzia dalla medicina dotta che nell'Europa del passato veniva formalizzata grazie alla Scuola Medica Salernitana durante il Medioevo così come (anche se può presentare alcuni punti in comune) dalle complesse ed antiche strutture medico-scientifiche del pensiero ayurvedico e della medicina tradizionale cinese.

Questo testo vuole occuparsi solo della medicina di origine popolare ed in particolare si cercherà di far riaffiorare e organizzare, per quanto possibile, la tradizione italiana: non tanto nella conta dei rimedi e dei rituali, di cui c'è materiale etnografico e folklorico a sufficienza sia antico sia contemporaneo, quanto piuttosto nel provare ad elaborare la morfologia, la struttura di pensiero sottostante, il metalinguaggio, la *scienza che non è scienza* che caratterizza, a mio avviso, tutti gli approcci alla cura della persona nei sistemi tradizionali e nelle

---

[3] **Cosmovision** in spagnolo: visione del mondo. È un'immagine cognitiva olistica della concezione del "mondo" ovvero della realtà storica e sociale che una persona, una società o una cultura si formano in un'epoca determinata; è composta da diverse percezioni, concezioni e valutazioni dalle quali vengono elaborate le definizioni e le nozioni comuni che si applicano ai diversi campi della vita: politica, economia, scienza e medicina, religione, moralità, filosofia. In particolare si parla di cosmovisione in relazione alla cultura tradizionale Maya e andina. Per maggiori approfondimenti vedere le opere di Diego Dentico segnalate in bibliografia.

loro comunità ed, in ultima analisi, probabilmente in modo traslato anche nella nostra società globale.

Ciò non significa che non si faranno salti in altre tradizioni sia popolari che dotte, ma questi serviranno da esempi e da *fil rouge* per sostenere la tesi iniziale della necessità di un'altra medicina antica come l'uomo e che si poggia su una visione cosmica e olistica dell'esperienza umana.

Nel 2003 il COE di Milano (Centro Orientamento Educativo) pubblicava con il sostegno della comunità europea, un interessante lavoro dedicato alle medicine popolari nel quale Antonio Bianchi scriveva proprio nelle prime righe: *"Che senso ha avviare una campagna di educazione rivolta al pubblico europeo su un argomento come quello delle medicine tradizionali? Solamente il nome evoca nel nostro immaginario pratiche e riti oscuri, provenienti da qualche landa dell'Africa tropicale o dalle profondità della foresta amazzonica, dove strani parafernalia sono utilizzati per impressionare la fantasia di poveri contadini ai margini dello sviluppo dell'umanità.*

Ma i dati, nudi e impressionanti, capovolgono radicalmente le nostre certezze: oltre l'80% dell'umanità in Africa, America Latina e Asia, basa le proprie aspettative di salute sulle medicine tradizionali.

Nel sofisticato e asettico mondo della nostra Europa, la percentuale di questa popolazione scende al 56% e le medicine tradizionali, relegate ai margini della moderna tecnologia ospedaliera, diventano medicina alternativa o non-convenzionale, in una giungla di pratiche e teorie che nulla hanno da invidiare alle concitate pratiche dei guaritori africani.

Se entriamo nella moderna farmacia, ci sorprenderà vedere che il 25% dei farmaci disponibili sugli scaffali derivano da piante medicinali utilizzate dalle medicine tradizionali..."[4]

E continua sottolineando come gran parte delle piante medicinali utilizzate per elaborare nuovi farmaci vengano dal sud del mondo: il business per ottenere il brevetto genetico di erbe che per culture tradizionali erano e sono sacre è vergognosamente intenso.

Le medicine tradizionali non sono quindi *fossili viventi* bensì stanno al centro di alcuni dei più importanti dibattiti internazionali in cui si mescolano diverse istanze: la ricerca farmaceutica, l'accesso a materiale biologico, i diritti di proprietà intellettuale, l'effetto placebo (e la sua efficacia), il contesto terapeutico (prosegue Bianchi).

Credo che a distanza di una ventina di anni le cose non siano

---

[4] Antonio Bianchi in *Forest medicine – le medicine tradizionali una risorsa da conoscere*, pag. 7

cambiate poi molto: la ricerca farmaceutica mantiene come pilastro centrale l'aspetto economico piuttosto che quello del benessere puramente sociale, e dall'altra parte la comunità globale se si fida della medicina ufficiale da un lato, paradossalmente non si fida abbastanza dall'altro.

Chi fra noi che leggiamo queste pagine non conosce qualcuno che non si sia recato nella sua vita, per motivi di salute, anche da un erborista, un massaggiatore non convenzionale, un prete, un astrologo o un guaritore?

Nel documento del 2002 l'OMS (Organizzazione Mondiale della Sanità) definiva le Medicine Tradizionali includendo fra esse *"diverse pratiche sanitarie, approcci, conoscenze e credenze che prevedono l'uso di medicamenti a base di piante, animali e/o minerali, terapie spirituali, tecniche manuali e attività, che vengono utilizzati singolarmente o in combinazione, al fine di mantenere il benessere, curare, diagnosticare o prevenire le malattie"*[5]

Nel 2013 sempre l'Organizzazione Mondiale della Sanità pubblica le nuove linee confermando l'importanza per la salute collettiva della medicina popolare e della sua connessione con quella ufficiale e scientifica.

In esso ridefinisce, aggiornando i dati rispetto al precedente report, i concetti di Medicina Tradizionale (MT - legata alla sua lunga storia e basata sulle conoscenze delle culture autoctone) e Medicina Complementare (MC o medicina alternativa – pratiche che non fanno parte della tradizione né sono integrate nel sistema sanitario) inserendole entrambe in un contesto unico di MT&C, pur con le dovute differenze.

In particolare poi sottolinea e tenta di definire le aree di intervento per stati membri, aziende e OMS stesso su queste tematiche:

- la potenzialità evidente e dimostrata che le medicine tradizionali e complementari hanno di migliorare la salute
- l'evidenza che le MT&C sono altamente richieste in tutto il mondo diventando anche un business economico di rilevanza (che va monitorato e regolato per la tutela dei consumatori)
- l'evidenza che le MT&C sono utili soprattutto nei trattamenti delle patologie croniche e nella prevenzione rivelandosi una fonte di risparmio della spesa sociale del sistema sanitario

---

[5] WHO Traditional Medicine Strategy 2002 - 2005

- le MT&C hanno il vantaggio di essere facilmente accessibili (per cultura e/o per costi) alla popolazione in senso più ampio raggiungendo più facilmente le classi meno abbienti
- le MT&C favoriscono l'educazione all'autocura (scelta informata), risorsa di fondamentale importanza per abbassare i costi della sanità pubblica e per garantire interventi anche dove la presenza del sistema sanitario è più dilatata
- è fondamentale l'integrazione con i sistemi sanitari per migliorare e sostenere il benessere dei cittadini. Il tema di un'appropriata integrazione è stato affrontato anche dalla Dr Margaret Chan, allora Direttore generale dell'OMS, che ha affermato: *"I due sistemi, medicina tradizionale e medicina occidentale, non devono necessariamente confliggere. Nel contesto delle cure sanitarie primarie possono fondersi in una benefica armonia, sia utilizzando le migliori peculiarità di ciascuno sia compensando i rispettivi punti di debolezza"*.[6]
- è necessario per gli stati membri prevedere il rimborso delle spese sostenute per le MT&C attraverso il sistema sanitario nazionale: *"OMS riconosce la salute come fattore essenziale per uno sviluppo economico e sociale sostenibile e per la restrizione della povertà. L'accesso ai servizi sanitari essenziali è considerato di importanza cruciale per mantenere e migliorare la salute. Allo stesso tempo la popolazione deve essere protetta dal rischio di cadere in povertà a causa dei costi delle cure mediche"*.[7]
- l'importanza di tutelare la biodiversità sia naturale degli ecosistemi sia delle culture umane con la loro conoscenza, salvaguardando la proprietà intellettuale di quest'ultime anche su erbe e rimedi fitoterapici (ricordiamo la guerra in atto tra le multinazionali per i brevetti dei codici genetici di piante autoctone utilizzate da millenni dalle culture locali).

In definitiva mi sembra che la posizione e le indicazioni dell'OMS (valide fino al 2023) siano altamente condivisibili da gran parte degli operatori, studiosi, appassionati, fruitori delle cure naturali, tradizionali e/o alternative.

È altrettanto evidente quanto, nonostante gli ottimi intenti dell'Organizzazione Mondiale, lo scarto tra progetto e applicazione

---

[6] *Strategia dell'OMS per la medicina tradizionale 2014 – 2023*, 2013, pag. 37
[7] *Strategia dell'OMS per la medicina tradizionale 2014 – 2023*, 2013, pag. 43

nel quotidiano degli stati membri sia ampio, soprattutto in Italia dove negli ultimi anni è in atto un'operazione di screditamento delle MT&C amplificato dai media senza soluzione di dialogo o possibilità di approfondimento, screditamento che non ha portato alla diminuzione della richiesta ma ha solo spinto il soggetto a richiederla di nascosto e l'operatore ad agire attraverso canali non ufficiali.

Riassumendo quanto detto finora, possiamo dunque evidenziare come le medicine del popolo non siano solo folklore e superstizione (come la cultura ufficiale italiana tramanda) ma abbiano un substrato sociologico ed antropologico di fondamentale importanza per il mantenimento della salute delle comunità e diventino risorsa auspicata nell'ottimizzazione della spesa sanitaria sia dal punto di vista economico sia strutturale per evitarne il crollo e per garantire l'accesso alle cure anche alle classi meno abbienti.

Per quanto riguarda questo lavoro, non verranno prese in considerazione le medicine complementari o alternative ma si cercherà di focalizzarsi, come già espresso in precedenza, sulla struttura psico-sociale del pensiero nelle medicine tradizionali per offrire un quadro meta-logico sul quale inserire credenze, miti, riti, rimedi, che altrimenti, analizzati con la mente occidentale, risulterebbero solo sciocche superstizioni, appunto, e perderebbero la loro efficacia.

2. SALUTE, MALATTIA E GUARIGIONE

Fino a tempi non lontani la medicina si sforzava
di valorizzare ciò che avviene in natura:
favoriva la tendenza delle ferite a sanarsi,
del sangue a coagularsi,
dei batteri a farsi sopraffare dall'immunità naturale.
Oggi invece essa cerca di materializzare i sogni della ragione.

Ivan Illich[8]

I concetti di salute, malattia e guarigione sono i tre cardini su cui poggia l'intervento sanitario nelle comunità. Come concetti sono soggetti a significati culturali ben precisi e quindi possono variare in base al contesto di appartenenza. Ma è proprio ciò che noi consideriamo come sano o malato e cosa intendiamo per guarigione a modificare gli approcci non solo alla cura ma anche agli stili di vita e alle credenze e conoscenze correlate.

L'ottica da cui guardiamo il problema varia molto, per esempio, se poniamo l'accento principalmente sulla salute piuttosto che sulla malattia.

Un sistema che predilige la salute investirà maggiori risorse verso l'educazione, l'autocura, la prevenzione, la salute ambientale dal punto di vista biochimico (come fattore concausale di svariate patologie) e dal punto di vista sociologico (come fattore concausale di patologie di

---

[8] Ivan Illich, *Nemesi Medica*, pag. 47

ordine mentale e psichico).

Un sistema che guarda al problema con l'occhio della malattia, investirà invece le sue risorse in un sistema sanitario funzionale, nella ricerca e sperimentazione sia scientifica sia farmacologica, nella specializzazione millimetrica riferita alle possibili variabili di manifestazione della malattia e nella battaglia contro il male che la malattia esprime.

Non serve che vi suggerisca quale modello la società occidentale ha scelto da lungo tempo. E non serve neppure ribadire che non vi è un punto di vista maggiormente corretto rispetto ad un altro: entrambi dovrebbero essere essenziali per calibrare la messa a fuoco verso un corretto processo di guarigione.

SALUTE

L'Organizzazione Mondiale della Sanità definisce nella sua Costituzione la salute come *"a state of complete physical, mental and social well-being and not merely the absence of disease or infirmity."* e continua: *"The enjoyment of the highest attainable standard of health is one of the fundamental rights of every human being without distinction of race, religion, political belief, economic or social condition. The health of all peoples is fundamental to the attainment of peace and security and is dependent upon the fullest co-operation of individuals and States"*[9] (la salute è uno stato di completo benessere fisico, mentale, sociale e spirituale, non mera assenza di malattia o infermità. Il possesso del migliore stato di salute possibile costituisce un diritto fondamentale di ogni essere umano, senza distinzione di razza, di religione, d'opinioni politiche, di condizione economica o sociale. La sanità di tutti i popoli è una condizione fondamentale per la pace del mondo e per la sicurezza; essa dipende dalla più stretta cooperazione possibile tra i singoli e tra gli Stati – n.d.a.).

Come spesso accade, negli intenti delle politiche internazionali troviamo splendide affermazioni: la salute per l'OMS ha un valore olistico che comprende non solo la piena dignità di una vita sana per l'individuo ma che di conseguenza questo comporta una vita sociale sana e pacifica per tutti.

Nella realtà tutti noi sappiamo quanto poi la concretizzazione degli intenti passi attraverso le maglie fittissime del colino dell'economia privata e di ogni singolo stato e le differenze sociali così come le

---

[9] *Constitution of W.H.O.,* 1946

politiche non integrate e la totale assenza di una educazione alla salute permangono.

La riflessione che però possiamo fare è che ci sia una grande vicinanza tra il pensiero tradizionale e l'intenzione degli stati membri di un mondo civile: potremmo, insomma, trovare pieno accordo.

Per quanto riguarda le comunità tradizionali, la salute era ed è ancora oggi definita come il buon equilibrio dinamico della persona nel suo contesto socio-relazionale (villaggio-famiglia) e spirituale (gli antenati – l'ereditarietà).

Olismo è un termine oggi ampiamente utilizzato nelle medicine complementari per definire in termini moderni il legame tra microcosmo e macrocosmo, la *cosmovisione* che lega individuo a società, presente a passato e futuro, natura e uomo agli dei.

L'antico paradiso terrestre dal quale siamo stati strappati per la nostra stessa arroganza (o per il nostro desiderio di conoscenza, o per il femminile desiderio di conoscenza etc.) o la teorizzata età dell'oro dalla quale proveniamo e di cui serbiamo ancora qualche reminiscenza nei nostri geni, ci raccontano di come in stato di perfetta armonia anche malattia e morte vengano sconfitte.

Un tempo antico in cui eravamo in equilibrio fra razze e natura e Dio o gli dei ci parlavano ancora.

Questo stato di perfetta salute è presente nei miti e racconti delle antiche cosmogonie delle varie culture sparse per il pianeta: poi il peccato, la caduta, l'ambizione, qualche azione umana che spezza il dialogo con il divino e la condanna ad ammalarci e morire.

Esiste una splendida preghiera-benedizione del popolo Navajo che esprime bene, a mio avviso, il concetto di salute nelle medicine popolari.

In una delle varie versioni recita così:

In beauty I walk
With beauty before me I walk
With beauty behind me I walk
With beauty above me I walk
With beauty around me I walk
It has become beauty again[10]

---

[10] Versione completa in:
https://talking-feather.com/home/walk-in-beauty-prayer-from-navajo-blessing/

Una possibile traduzione in italiano potrebbe essere: "Cammino nella bellezza, con la bellezza dinanzi a me cammino, con la bellezza dietro di me cammino, con la bellezza sopra di me cammino, con la bellezza attorno a me cammino. Tutto è tornato ad esser bellezza".

Il concetto di *beauty* così come quello dell'italiano bellezza sono già traduzioni della parola originaria in lingua navajo.

In questa lingua, come in altre lingue arcaiche, la bellezza non può non essere associata anche all'equilibrio, all'armonia e alla pace (e dunque alla salute).

Non è una questione meramente estetica, o meglio: l'estetica in senso antico comprende non un qualcosa relativo al *mainstream* ma un eterno bilanciamento di forze che ricorda l'equilibrio primigenio, il paradiso terrestre.

La salute è bellezza. La salute è bilanciamento delle forze, equilibrio, armonia degli organi, funzionalità, stato d'animo bilanciato.

La salute dell'uno sta alla salute del tutto: tutto ciò che mi circonda respira la stessa armonia che respirano i miei polmoni. Foglie, erba, terra, cielo, piedi, corpo: laddove c'è pace c'è equilibrio e c'è salute.

Il perturbamento di questo rapporto perfetto col cosmo spezza l'equilibrio, porta alla rottura della catena perfetta di eventi e quindi alla sciagura, alla malattia.

In modo molto pragmatico per la cultura contadina italiana, la salute veniva considerata una ricchezza: "Chi ha la salute è ricco e non lo sa", "Se c'è la salute c'è tutto" recitano i proverbi, intendendo che uomini e donne sane contribuiscono attivamente all'economia familiare ma anche che la malattia è un costo che non sempre ci si può permettere.

Come possiamo intuire anche le moderne correnti di pensiero sostenibile ed ecologico considerano la salute del pianeta in modo sistemico correlate alla salute stessa del singolo cittadino: la lotta non è tanto per salvare un'entità astratta e fricchettona ma per salvare il nostro stesso benessere e quello dei nostri figli. Certo, inteso in senso olistico e assolutamente non economico.

La Salute nelle MT è quindi uno stato di completo benessere: fisico, psichico e sociale, e non la mera assenza di malattia, così come OMS dichiara.

MALATTIA

Per quanto riguarda le malattie, queste nelle culture occidentali contemporanee sono sempre considerate nella loro relazione con l'individuo, viceversa nelle culture tradizionali la malattia ha sempre avuto un carattere di collettività: ha sempre riguardato il clan e l'equilibrio che si è spezzato.

In questo senso il concetto di salute/malattia tradizionalmente inteso amplia i suoi confini prevedendo una contestualizzazione nella comunità di appartenenza non solo per quanto riguarda lo spazio (il villaggio) ma anche il tempo (gli avi), congiungendo non solo il piano fisico ma anche quello spirituale.

Generalmente l'agente perturbatore, ovvero la malattia, era ed è considerato un essere esterno che per qualche ragione entra nell'individuo o nella comunità: un demone o uno spirito, il pensiero negativo (il malocchio o *evil eye*), un elemento (aria, acqua, fuoco, terra) considerato come spirito di natura e quindi con vita e pensiero propri.

In qualche modo il mal d'orecchio è dovuto, per fare un esempio, ad uno spirito d'aria che entra nell'organismo o certi tipi di follia a possedimenti di spiriti o demoni.

Ma può essere anche dovuto al cattivo comportamento della persona: sia esso morale, etico o spirituale: l'aver rotto un patto di onestà con gli dei o con il clan.

Il non aver rispettato per esempio un tabù sociale può portare alla malattia / sciagura sia la persona sia l'intera sua famiglia.

Anche l'agire contro qualcuno per invidia (*evil eye*) è tema abbastanza comune nelle culture.

In Africa, il primo pensiero in caso di malattia va ai cattivi sentimenti che qualcuno (vivo o morto) ha nei confronti di qualcun altro come causa scatenante. Ma la stessa cosa accadeva (e forse accade ancora) nel meridione italiano del secolo scorso, dove principalmente per i mal di testa ci si rivolgeva a chi toglie il malocchio intendendo quindi l'essere soggetti all'invidia di qualcuno o qualcuna.

In Piemonte invece le cattive influenze si controllavano (e toglievano) agendo sulla canottiera intima del soggetto che veniva portata alla guaritrice (in genere era una donna) che era capace di leggerla e attraverso di essa, di liberare dal male.

CURA E GUARIGIONE

Una volta riconosciuta la fonte del male, si attua il percorso di cura.

Oltre ai rimedi strettamente farmacologici, laddove è economicamente possibile affrontare le spese mediche (e sappiamo bene che non in tutti i paesi del mondo vi è equo accesso alle cure, Stati Uniti inclusi), vengono attuate anche altre azioni riparatorie siano esse preghiere e celebrazioni religiose o l'intervento dello sciamano-guaritore o guaritrice.

Se qualcuno ce l'ha con noi è meglio porre fine alla discordia, chiarire i contenziosi o difendersi in qualche modo perché una persona cattiva con cattivi pensieri può anche portare alla povertà o alla morte (per malattia o per incidenti casuali) un'intera famiglia.

"In generale è in relazione alla propria salute che lo Zande consulta gli oracoli e prende contatto in termini tradizionali con gli stregoni. I parenti o la famiglia di un malato cercheranno di sapere chi stia stregando il loro congiunto e gli chiederanno di desistere dalle sue azioni" scriveva Evans Pritchard[11] ricordando come una stregoneria sia sempre un atto psichico. Per il pensiero africano la mente è estremamente potente.

Con lo stesso intento in Italia si consultano ancora oggi astrologi e astrologhe, oltre che guaritori e guaritrici, nel tentativo di dare spiegazioni altre alla malattia che affligge la persona.

Vediamo come il tessuto che si va delineando è come una trama: microcosmo e macrocosmo si intrecciano, dentro e fuori hanno confini flessibili mentre visibile e invisibile diventano solo blandi concetti che aiutano a descrivere l'indefinibile Uno.

Se non si compenetra questo concetto di unità, universalità non si possono comprendere pienamente né le medicine tradizionali né tanto meno utilizzarle.

La grande differenza tra i due approcci, sta esattamente in questa visione globale ed olistica che rende tutto l'apparato delle conoscenze tradizionali apparentemente vago, onirico, paradossale e sicuramente non scientifico.

Eppure il punto di forza delle MT sta esattamente in questo approccio: se lo si snatura, se si vende il principio attivo fitoterapico al posto del beverone di erbe misteriose per esempio, queste perdono il loro potere di intervento e il potenziale di guarigione.

Potrebbe essere considerato da molti come un effetto placebo oppure un mero intervento di condizionamento psicologico, ma se anche così fosse (ed io comunque continuo a avere fiducia in quel

---

[11] E.E. Evans-Pritchard, *Stregoneria, oracoli e magia tra gli Azande*, p.44

pizzico di magia che sta in ciò che ancora non conosciamo e comprendiamo) se anche così fosse, dunque, dovremmo sempre pensare al fatto che potrebbe anche funzionare, che ha funzionato per millenni portando la nostra specie esattamente al qui e ora, e che il suo successo sarebbe (è) a costi ambientali ed economici sicuramente di molto inferiori rispetto agli approcci della medicina contemporanea.

Torno a sottolineare, nel caso non fosse ancora chiaro, che non è in discussione l'efficacia e l'importanza di quest'ultima, ma che al limite, come OMS auspica, l'integrazione intelligente di entrambe per il bene sociale.

Anche nelle comunità tradizionali però non tutti i membri hanno le capacità di entrare in questa visione olistica. La struttura di pensiero è comune e condivisa, ma solo alcuni sono adatti al compito di guarire e/o di comunicare con il pantheon di spiriti, dei e avi.

La capacità di chi, nella comunità, è addetto alla cura delle malattie o degli squilibri, sia esso/a un guaritore/guaritrice o un/una sciamano/a, richiede sempre nelle culture tradizionali un'iniziazione, un viaggio che unisca e apra a tutti livelli della realtà, visibili ed invisibili permettendo così la visione globale, la visione chiara (chiaroveggenza), la *cosmovisione* appunto e con essa il potere di cambiare gli equilibri.

Detto quanto sopra diventa evidente che per guarigione si intende il ripristino quindi dell'armonia perduta ma ad un nuovo livello.

La guarigione è un concetto diverso dalla mera "assenza di malattia" ma piuttosto è il raggiungimento di uno stato di equilibrio, pace e pacificazione, armonia e bellezza.

In questo senso le benedizioni, come quella navajo citata ad inizio capitolo, sono preghiere di guarigione: l'equilibrio ripristinato nei livelli dello spirito scendono e agiscono in quelli dell'anima e del corpo riportando anche la salute.

Così gli interventi (generalizzando e semplificando ovviamente quelle che sono strutture comunque complesse), siano essi "fisici" (erbe) fino a quelli veri e propri "spirituali" (riti) hanno tutti la stessa struttura di base: trovare la causa dell'errore (cattiva azione, pensiero negativo, demone che è entrato, eccesso di elemento), riappacificare lo squilibrio con delle azioni riparatorie e/o dei rimedi, ringraziare (sempre) perché, sempre per una questione di equilibrio, dove si riceve bisogna dare in cambio qualcosa.

Salute e malattia sono dunque concetti dinamici non statici. Mai statici.

La *guarigione* è passaggio, transizione, modifica di uno status.

La *malattia* è un processo.

La *guarigione* è un processo (inverso rispetto alla malattia)

La *salute* è un equilibrio dinamico.

La morte stessa ha carattere di trasformazione e passaggio, venendo considerata la Natura la grande maestra da cui si apprende l'arte di guarire.

La dinamicità è quindi il movimento ritmico del cosmo nel quale siamo tutti inseriti. L'equilibrio o il disequilibrio ne sono le oscillazioni.

Sostanzialmente potremmo considerare il corpo ed i sintomi che manifesta come la "carta" su cui viene narrata la storia del disequilibrio.

Il corpo manifesta la malattia, la racconta, ma la causa prima della malattia risiede nello spirito o negli spiriti che vivono tra l'anima e il cosmo.

Così si può comprendere perché l'attenzione al corpo meramente fisico nelle MT è non tanto minore, quanto relativa: esso è la manifestazione ultima di qualcosa che avviene in un altro spazio ed in un tempo diverso dal quotidiano. Un po' come le percezioni di quando si ha la febbre alta: tutto accade come in un sogno, altrove, fino alla guarigione.

Se da una parte, più legata alla visione tradizionale, la malattia è considerata come perdita di equilibrio e armonia e quindi le azioni intraprese servono a riportare a questo stato di pace primordiale, dall'altra nel nostro pensiero contemporaneo occidentale la malattia è vista anche qui come un evento esterno ma con una componente tragica di invasività e di non appartenenza da combattere attraverso una guerra che diventa sempre più intensa in modo direttamente proporzionale alla gravità del male.

L'aspetto violento di questa guerra si esprime con l'invasività delle terapie scelte oltre che con i termini culturalmente accettati con cui esprimiamo la nostra lotta contro "il male" ed il male ultimo che è la morte.

La malattia viene vissuta come aliena da noi, aliena al contesto in cui viviamo, aliena anche alla nostra stessa storia. Ci capita senza un motivo e ci tormenta spietatamente. "Perché a me?" ci si chiede.

Anche il normale decadimento fisico o i processi fisiologici e dolorosi del nostro corpo, come il mestruo per le donne o la vecchiaia sono visti in modo negativo e vanno in qualche modo medicalizzati, combattuti e silenziati.

La moralizzazione della malattia come cattiva rispetto alla bontà dello stato di salute pare non affliggere la comunità e la storia di quest'ultima (che rimane buona ed in perenne progresso) ma solo l'individuo che la subisce come una punizione di cui spesso non comprende la causa e ne acuisce il senso di frustrazione e di non adattabilità sociale.

Anche la morte stessa va combattuta finché è possibile o viene allontanata dai "sani" e relegata a spazi nascosti, privati.

In questo approccio vi è una netta distinzione tra società – che deve essere sempre sana, funzionale, "normale" ovvero aderente al modello dominante, alla "norma" – e individuo che nel suo privato porta la croce della malattia, del disagio o finanche della perversione con la sensazione ultima di non essere stato all'altezza.

Quest'ottica finisce per deresponsabilizzare il malato, vittima innocente del fato, ma deresponsabilizza anche il contesto sociale che tratta il malato come una povera vittima o un deviante e raramente indaga su quanto il contesto circostante (sociale e ambientale) sia concausa dei suoi dolori.

È sotto gli occhi di tutti la difficoltà di ottenere interventi ad ampio spettro laddove i fattori di inquinamento sono palesemente correlati con le morti per cancro, per esempio, o le problematiche allergiche e respiratorie.

Come indagati che devono provare la propria innocenza, sono gli stessi malati e le associazioni delle loro famiglie a dover dimostrare che non stanno morendo a caso (la storia dell'ex-Ilva di Taranto piuttosto che dell'Eternit di Casale Monferrato sono solo due degli esempi possibili).

L'atteggiamento di lotta è quello principale che la nostra cultura ha nei confronti della malattia, ed è il malato, già debilitato, a doverla combattere senza esclusione di colpi.

A vedere i due atteggiamenti qui presentati verrebbe da fare riferimento ai due modelli storici di comunità umane: quello matristico (più antico, non violento, inclusivo, intuitivo, olistico potremmo dire) e quello patriarcale (ora dominante, gerarchico e con il valore del denaro e della proprietà privata, del capo e del guerriero come espressioni vincenti)[12]

Pare allora che l'atavica lotta tra modello *pacifico-globale-intuitivo* e quello *guerriero-del-clan-razionale* scorra ancora nei meandri sotterranei delle nostre strutture culturali continuando a generare un conflitto laddove invece sarebbe utile trovare un reciproco accordo.

A non trovare beneficio da questo conflitto archetipale *padre - madre* rimane il cittadino, il membro della comunità, smembrato tra una scienza che lo cura ma non lo accoglie con completezza e una serie di credenze disposte ad accoglierlo ma che nel farlo contemplano anche il rischio che la guarigione ultima e vera sia in definitiva la morte.

---

[12] Per approfondimenti sul tema si consigliano, per citarne solo alcune, le letture di Marija Gimbutas *Il linguaggio della dea* e di Riane Eisler *Il calice e la spada*. Non è questo il luogo in cui approfondire tale visione, ma ovviamente la lettura che sottintende tali lavori è di vitale importanza per approfondire quanto i concetti di salute e malattia dipendano in gran parte di modelli sociali di appartenenza.

3. LA GEOGRAFIA MULTIDIMENSIONALE DELLE MT ED I SUOI PERSONAGGI

Il Signore Dio disse allora: "Ecco l'uomo è diventato come uno di noi, per aver mangiato il frutto dell'albero della conoscenza del bene e del male. Ora, egli non stenda più la mano e non prenda anche il frutto dell'albero della vita, ne mangi e viva per sempre!".

Genesi, 3,22

Per comprendere il funzionamento della medicina del popolo bisogna tornare a considerare spazio e tempo non come variabili fisse su un asse cartesiano ma come livelli multidimensionali contemporaneamente possibili sia nel qui e ora sia in altri luoghi e tempi.

Francesco Gavatorta e Riccardo Milanesi, nel loro testo *Transmedia experience*, parlando di storytelling ci fanno notare che *"nella fisica galileiana e newtoniana ogni evento è contraddistinto da una collocazione spaziale assoluta, determinata da tre coordinate x, y, z che indicano la sua posizione in relazione ai tre assi cartesiani ortogonali. Una quarta coordinata t ne definisce la collocazione nel tempo."*

E poco oltre continuano: *"Nella teoria della relatività, invece, il tempo di un evento varia a seconda del movimento dei sistemi di riferimento. E poiché il movimento implica a sua volta lo spazio e il tempo, le due dimensioni che la fisica classica considerava concettualmente diverse, ora risultano inseparabili. (…) Nella teoria dello spaziotempo insomma, l'Universo, con le sue quattro dimensioni, rappresenta il palcoscenico nel quale si svolgono i fenomeni fisici, detti «eventi»*[13]

Se tale osservazione è in grado di sostanziale la dinamicità dello storytelling inteso come strategia di comunicazione anche a finalità di marketing, possiamo supporre che sia di utilità anche nel comprendere la strategia narrativa adottata sin dalla notte dei tempi dalle comunità umane.

Spazio e tempo, nella loro intima interconnessione dinamica, delimitano le dimensioni nelle quali gli "eventi" (ovvero ciò che accade) esistono e si manifestano.

Nella comunità tradizionale infatti, sia essa il villaggio africano sia il paese delle campagne italiane del secolo scorso, la prima variabile che possiamo tenere in considerazione quando parliamo di medicine popolari è lo spazio.

I confini sono sempre molto chiari e sovente vi sono regole e usanze che distinguono un villaggio da un altro, un paese da un altro, un quartiere da un altro, quasi come fossero diverse squadre di calcio.

Non a caso tra le usanze ancora in voga oggi troviamo le gare tra paesi o rioni in alcuni momenti dell'anno (classici esempi possono essere le sfilate di Carnevale con la premiazione del carro più bello o il Palio di Siena) che aiutano a ridefinire tale spazio e il relativo senso di appartenenza.

L'altra variabile da tenere conto per comprendere il funzionamento delle MT è quindi il tempo.

Questo non è tanto considerato come una linea retta che a mo di freccia scoccata porta da un punto A ad un punto B e poi C e via dicendo, ma è più da considerarsi come una spirale che ruota attorno allo spazio di cui sopra con un movimento ritmico correlato al ciclo stagionale ed alla relativa rotazione della terra attorno al sole.

Evidentemente questo approccio è totalmente empirico e se visto senza pregiudizi ha anche una sua valenza scientifica.

Il ritmo delle stagioni per le comunità umane che si basano sull'agricoltura è essenziale per la sopravvivenza primaria e bisogna

---

[13] F. Gavatorta e R. Milanesi, *Transmedia experience*, p. 35

tornare a considerarne la fondamentale importanza anche ora che, grazie al progresso scientifico, almeno noi occidentali ci siamo slegati da tale orologio naturale.

Se il tempo risulta una spirale che ruota instancabilmente su se stessa, possiamo immaginare lo spazio tradizionale non solo come un confine, un cerchio che separa il dentro dal fuori in una cartina geografica, ma come qualcosa di multidimensionale: anch'esso ha il potere di muoversi attraverso i livelli del tempo.

Avremmo così lo *spazio-tempo originario*, di quando la comunità ebbe inizio: la cosmogonia secondo la quale dal mondo degli dei o del divino la nostra storia cominciò, il "c'era una volta".

Potrebbe essere narrato dalla Genesi così come dal mito di Romolo e Remo o dalla leggenda che vede Torino fondata da un principe egizio e dedicata al Dio Api e via dicendo.

Le cosmogonie (delle culture ma anche dei vari credo religiosi e spirituali che generano comunque appartenenza anche se non esclusivamente etnica) sono fondamentali per riconoscere quel Tempo Uno in cui tutto nacque e che è il tempo dell'armonia, della pace, della ricchezza e quindi della salute.

In questo *spazio-tempo originario* risiede il divino o gli dei creatori: il Padre e la Madre dell'universo e talvolta anche i loro figli primigeni.

Potremmo chiamarlo "Cielo", per renderlo più affine ad uno schema semplificato.

Il secondo *spazio-tempo* che è importante prendere in considerazione è ovviamente il qui e ora: la nostra quotidianità che scorre cercando di sostenere le sfide della vita.

In questa dimensione oltre a noi esseri viventi, vagano ancora, invisibili ai nostri occhi mortali, anche gli spiriti di natura, i guardiani dei luoghi, le anime di chi è mancato ma non ha trovato pace ed è ancora legato alla vita terrena e i demoni.

Potremmo chiamarlo "Terra".

Il terzo *spazio-tempo* nel quale possono accadere le cose è quello sotterraneo, il sotto terra, dove risiedono gli avi che ci hanno preceduto e che sono stati tumulati nella comunità per restare ancora con noi e continuare ad alimentare quel legame spaziotempo che ci permette non solo di sopravvivere ma anche e soprattutto di evolvere; ma anche i demoni, ovvero gli spiriti oscuri legati al deterioramento delle sostanze fisiche e animiche; così come anche i semi della vita vegetale che va a rinnovarsi ciclicamente.

Potremmo chiamare questo spazio "Infero", ovvero "di sotto", parola dalla cui radice nasce il termine "inferno" della tradizione religiosa cristiano cattolica.

Dal punto di vista strettamente temporale avremmo l'*eterno* degli dei nel Cielo, il *contingente* di noi umani abitanti la Terra ed il *passato* degli avi che riposano nell'Infero.

Un po' come nell'immaginario mitico norreno, possiamo figurarci quindi un enorme albero, o palo (il tempo) sul quale stanno diversi livelli, paesi, comunità: quelle sotterranee tra le radici, quelle mediane al centro del tronco (la *terra di mezzo* tolkeniana e la *Midgard* norrena dove abitano gli uomini) fino ai luoghi che sfiorano il cielo nei quali risiedono le popolazioni più raffinate, simili agli dei o esse stesse divine.

L'*axis mundi*: rappresentazione presente nelle diverse culture sin dagli albori della storia, l'albero della vita, l'albero sacro sul quale i livelli dell'infero, mediano e supero coesistono nello stesso tempo infinito ma nei quali si narrano storie continue: sempre fissi eppur sempre instabili.

Questa rappresentazione grafico–simbolica ci porta alla mente anche l'immagine del *Bastone di Asclepio* o *Caduceo*, simbolo ancora oggi della medicina: un palo centrale sul quale si arrampica arrotolandosi un serpente nel primo o due nel secondo. Se guardiamo le insegne delle farmacie possiamo trovarlo ancora lì.

Il serpente è uno degli animali simbolici più antichi: presente in tutte le culture nelle sue varie forme inclusa quella del drago sia celeste o marino.

Legato a divinità d'acqua e generalmente femminili (pensiamo alle *Mami Wata*[14] dell'Africa occidentale o al culto Mariano europeo entrambi imprescindibili da sorgenti e fonti), il serpente rappresenta la capacità di guarigione grazie alla sua capacità di rinnovarsi con la muta.

Perdere la vecchia pelle e tornare giovani è quanto tutti noi desideriamo: un elisir di vita eterna.

Il suo veleno inoltre a dosi calibrate potrebbe essere anche un rimedio: infatti l'etimologia della parola farmaco (*pharmacum* in latino)

---

[14] *Mami Wata* deriva dal *pidgin english* e sta per *Mammy Water* (Madre Acqua), ovvero uno spirito d'acqua venerato nell'Africa occidentale e nelle Americhe, grazie alla diaspora africana. Le Mami Wata sono generalmente spiriti femminili.

comprende entrambe le accezioni: rimedio e veleno.

Il veleno di vari serpenti ancora oggi viene usato nella farmacopea per realizzare medicine utilizzate in vari campi.

Abbiamo quindi delineato una sorta di geografia dinamica nella quale gli eventi accadono: geografia fondamentale secondo il guaritore o la guaritrice, sciamano o sciamana, sacerdote o sacerdotessa per sapere quando e dove intervenire in base a dove vi è lo strappo con la perfezione, l'errore o la disarmonia.

E ora vediamo meglio quali sono i protagonisti principali e fondamentali nella storia della cura secondo le MT.

Il malato, secondo le culture tradizionali, non è mai solo. Se non sta bene qualcosa è successo non solo a lui ma anche al suo piccolo mondo: la famiglia e la comunità.

Fondamentali per la cura e la guarigione della persona saranno infatti tre figure.

La *persona*, intanto, che per qualche motivo manifesta sofferenza.

Il *guaritore* o la *guaritrice* (che può essere un *natural doctor*, mago/maga, piuttosto che sciamano/sciamana o sacerdote/sacerdotessa a seconda dei livelli di intervento e delle culture di riferimento)

La *comunità*, infine, che può riferirsi alla famiglia (anche in senso allargato o alla famiglia degli avi) o anche la comunità tutta.

Tutti sono coinvolti nel processo di individuazione della malattia, della cura e della relativa guarigione.

Possiamo considerare la MT come una medicina sociale che tiene conto del contesto e non solo dell'individuo, ma anche una medicina religiosa perché tiene sempre conto dell'aspetto spirituale sia nella forma delle divinità ma anche in quella degli avi (la comunità invisibile).

Se l'individuo guarisce la comunità guarisce e viceversa.

Da qui si evince come fosse più funzionale per le comunità tradizionali avere una struttura olistica della gestione dei villaggi: etica, morale, religione si fondono coinvolgendo anche il sistema giuridico.

Il re del villaggio (con gli anziani, rappresentanti la saggezza) norma il mondo legislativo ed è sempre affiancato dal sacerdote che dialoga con le forze divine ed invisibili.

Nelle storie dell'Africa occidentale, narrate ancora oggi dai film di Nollywood (industria cinematografica nigeriana), sovente la comunità nella quale si svolge l'azione, o alcuni suoi membri, comincia a stare male: a soffrire di problemi fisici, malattie anche mortali o sciagure, come aborti spontanei o incidenti.

Il protagonista, di solito un re o un principe, inizia allora a chiedersi quale è il problema: perché stanno accadendo queste sciagure.

Dopo lunghe, lunghissime riflessioni (in Africa bisogna avere molta pazienza e molto tempo) e approfonditi confronti con il sacerdote e con gli anziani, si scopre che magari cinquanta o cento anni prima un altro re o un altro principe o un altro sacerdote aveva agito in modo non conforme alle regole: quelle degli dei.

Magari aveva mentito per sposarsi una donna invece che un altra, o aveva ucciso o comandato l'uccisione di un opponente e via dicendo.

Questo comportamento negativo non risolto (perché magari il colpevole l'aveva ai suoi tempi fatta franca) ricade comunque e sempre sulla comunità e col tempo, come un seme d'erba grama gettato nel terreno, fa germogliare i suoi frutti velenosi ammalando il villaggio intero.

La guarigione sarà ottenuta solo compiendo le azioni riparatorie necessarie per ristabilire l'equilibrio.

Da parte nostra possiamo ricordare ad esempio quanto nelle fiabe della tradizione europea promesse infrante e patti non mantenuti siano poi alla base delle vicende nefaste dei protagonisti, del loro ammalarsi o peregrinare in sciagura fino a quando non avessero affrontato e risolto il danno iniziale.

Come già ricordavano Propp, Campbell e altri, il viaggio dell'eroe o monomito è un modello comune e trasversale la cui struttura trasformativa appartiene anche al mondo delle guarigioni nelle medicine popolari.[15]

Ed infatti questo canovaccio semplificato ci è utile per capire il canovaccio stesso del processo di malattia / guarigione così come considerato nelle culture tradizionali.

Dentro questo scenario spazio-temporale comunitario ruotano quindi le figure principali che vengono chiamate in gioco nel processo di cura.

LA PERSONA

La prima figura da prendere in considerazione ovviamente è il

---

[15] V.JA. Propp, *Morfologia della fiaba* e J. Campbell, *L'eroe dai mille volti*

malato.

Egli o ella, manifesta dei sintomi che evidenziano il suo stato di sofferenza. Questa può essere fisica o psichica e finanche spirituale o animica.

Talvolta i sintomi possono confondersi non esistendo un confine netto tra dolore fisico e malessere psichico: una difficoltà respiratoria può facilmente incrementare i livelli di ansia per la sensazione di soffocamento che l'accompagna ma anche viceversa, una persona ansiosa può soffrire di attacchi di asma.

Nelle culture tradizionali il malessere della persona viene percepito in modo globale: inappetenza, mancanza di sonno, deperimento organico sono valutate tanto quanto un male alla pancia. Anzi: forse di più.

Un malessere prettamente fisico rimanda a qualcosa di contingente: cattiva digestione, l'aver mangiato troppo o troppo poco o male. Il rimedio può essere semplice: purga, vomitativo e/o digestivo.

Ma quando il male coinvolge anche la personalità e la sua vitalità allora lo sguardo inevitabilmente si allarga alla ricerca di una causa più ampia che coinvolga la famiglia, la comunità e gli spiriti.

Di mal d'amore si moriva nella nostra Italia del secolo scorso. Oggi ci sembra solo folklore, ma capitava sovente che qualche fanciulla cominciasse improvvisamente a deperire, a diventare inappetente, svogliata, depressa come se la vita le scivolasse via da dentro. Poi si scopriva che un amore non ricambiato la portava a lasciarsi andare all'inedia e alla morte[16].

Oggi potremmo parlare di anoressia, bulimia e altri disturbi alimentari di origine psichica causati sempre comunque dalla sensazione di non amore ricevuto.

Le fatture ed i malocchi causavano sintomi simili: deperimento organico, svogliatezza, inappetenza, confusione mentale, stanchezza continua e altre sensazioni psicofisiche diffuse e non definite oltre che sciagure e sfortune economiche continue.

Si moriva anche, per una fattura. Oggi magari verrebbe invece diagnosticata una grave depressione.

Cambiano i tempi, cambia il contesto, cambiano le letture ed i linguaggi.

---

[16] vedi le testimonianze di fine ottocento in Z. Zanetti, *La medicina delle nostre donne*.

IL GUARITORE / LA GUARITRICE

L'altra figura necessaria è ovviamente il guaritore: figura complessa e difficilmente descrivibile se non facendo delle generalizzazioni che fanno torto alle specificità delle molte culture ed usanze.

Rimandiamo agli studiosi di etnomedicina ed antropologia e alla relativa letteratura, le descrizioni nello specifico. Qui cerchiamo di tracciare quattro tipologie di "guaritore" specificando quanto sopra, ovvero che siamo costretti a generalizzare per darci un modello di riferimento e a definire confini netti laddove in realtà non sempre ce ne sono.

Tra le figure che possono intervenire nella cura, la prima è senza dubbio il/la *natural doctor*, come viene chiamato in Africa, ovvero il "guaritore" nostrano per la tradizione popolare o il "naturopata" o l'operatore olistico se vogliamo fare un confronto con la MC contemporanea.

Egli o ella è colui o colei che, pratico di erbe e rimedi "fatti in casa" interviene con le sue pozioni nella stragrande maggioranza delle problematiche fisiche.

Febbri, dolori di stomaco, mal di denti, problemi alle ossa e via dicendo. Dalle problematiche acute a quelle croniche (soprattutto quelle croniche), ha sempre un'erba adatta o un miscuglio da bere freddo o caldo, un impacco oppure una dieta magari con l'aggiunta di qualche oggetto apotropaico da portare con sé come amuleto e protezione.

La medicina fisica dei guaritori può anche comprendere interventi più invasivi come l'uso di vomitativi per esempio per ripulire l'organismo e fare uscire il male dagli orifizi.

L'obiettivo infatti è, individuata l'identità del male (naturale o soprannaturale), fare in modo che esca dal corpo e lo può fare solo attraverso le nostre naturali aperture.

Anche se il o la *natural doctor* è competente soprattutto del livello materiale dell'esistenza ciò non toglie che non dialoghi con entità più sottili e anche agisca anche a livelli più sottili.

Sicuramente è molto legato agli spiriti di natura, alle entità che proteggono i luoghi e agli spiriti vaganti: alla Terra di cui sopra.

In Italia in genere i guaritori e le guaritrici erano di origine contadina e si occupavano della cura e del trattamento di uno o più problemi in particolare, ma sempre con una sorta di specializzazione.

Oltre a erboristi ed erboriste, vi erano gli o le *aggiusta ossa* che trattavano le problematiche muscolo - scheletriche, *segnatori* e *segnatrici* che tramite i *segni* (gesti e preghiere specifici) curavano una serie di malattie come ad esempio i vermi o il Fuoco di Sant'Antonio, chi era specializzato nei mal di testa o altri effetti del malocchio (deperimento, sensazione di estraniamento) e via dicendo.

In genere le competenze venivano tramandate di madre in figlia, o di padre in figlio. Talvolta era una famiglia intera ad essere specializzata in un certo trattamento.

Si diventava guaritori anche per "magia": il settimo figlio di un settimo figlio per esempio è destinato ad avere capacità di guarigione così come chi è nato con la camicia (la placenta, che non sempre si apre durante il parto).

Anche chi nasce *settimino* (al settimo mese di gravidanza) poteva avere doti di guarigione.

In altri casi si manifestava una sorta di chiamata e la persona scopriva di avere il dono di guarire attraverso una certa modalità: imponendo le mani, massaggiando, conoscendo le erbe in modo spontaneo e via discorrendo. In questi casi capitava di incontrare chi sarebbe diventato il maestro o la maestra, l'esperto che avrebbe condiviso il suo sapere e formato il nuovo guaritore o la nuova guaritrice.

La chiamata indica ancora oggi che non siamo tutti destinati a guarire gli altri, e non tutti con la stessa modalità. Come non siamo tutti destinati a fare qualsiasi cosa ma ognuno di noi ha un dono da scoprire e da regalare alla comunità.

La seconda figura che introdurrei in questa generalizzazione (ricordando che i confini sono labili) sono lo *sciamano* e la *sciamana*.

Come ricorda Mircea Eliade nella sua *Enciclopedia delle religioni*, lo Sciamanesimo in senso stretto è soprattutto un fenomeno religioso della Siberia e dell'Asia centrale.

Oggi però il termine è molto utilizzato per delineare quello che potremmo definire un "guaritore dello spirito", ovvero una persona che, in connessione con le forze spirituali che popolano la cosmogonia di appartenenza, sa richiamarle affinché queste intervengano sul piano umano per guarire e quindi riportare all'equilibrio un individuo ma soprattutto un gruppo o una comunità intera.

Lo sciamano e la sciamana sono strettamente interconnessi con la natura ed i suoi elementi ma anche con gli dei che dal cielo li muovono e con gli avi che ci hanno preceduti. Cielo, Terra ed Infero, insomma.

Utilizzando principalmente il rituale essi li richiamano affinché agiscano in modo terapeutico.

Il loro strumento principale è quindi il *rito*, sovente collettivo ma non sempre, che definisce gli spazi e porta gli intervenuti in un tempo altro dove tutto può accadere.

Essi possono guarire il corpo ma soprattutto sono intenzionati a guarire l'anima e lo spirito.

A molti di noi tutto ciò può sembrare lontano dalla nostra quotidianità, ma in realtà lo sciamanesimo è molto diffuso in Italia ed in particolare tra quelle persone che desiderano partecipare a percorsi che amplino la consapevolezza del sé e delle proprie potenzialità, vedendo in questa consapevolezza anche parte della cura a disagi di origine psichica oltre che fisiologica ed il raggiungimento di una più solida e ampia felicità, che è guarigione.

La terza figura di guaritore che propongo è il *sacerdote* e la *sacerdotessa*.

Essi si occupano principalmente dell'aspetto spirituale, dell'anima individuale e collettiva connessa al divino. E possono farlo proprio perché sono il braccio e la bocca del Dio, della Dea o degli dei.

Il sacerdote o la sacerdotessa hanno, per dono e vocazione, la capacità di chiamare il divino e di parlarci. Di ricevere risposte, consigli e anche poteri più o meno magici di intervenire sullo stato di natura per modificarlo.

Possono in intervenire con la preghiera ma anche con rituali più o meno complessi, collettivi o individuali, utilizzando solo la parola (o il suono ad essa correlato) ma anche elementi naturali o oggetti.

Il sacerdote viene sovente chiamato in causa come consigliere del re affinché le azioni di quest'ultimo siano non solo sagge per gli uomini ma anche per gli dei.

La sacerdotessa è in genere più connessa alle divinità naturali dei luoghi e presiede ai riti di fecondità e fertilità, le benedizioni e protegge le donne e i parti. È anche la visionaria sapendo vedere oltre il velo.

Anche il sacerdote cattolico appartiene a questa sezione e anche lui, come i colleghi di altre religioni o spiritualità, si è occupato nel passato (e probabilmente lo fa anche ora) della salute dei suoi fedeli.

Si narra nei paesi del Piemonte che fosse proprio lui che, durante i forti temporali estivi, interveniva dall'alto del campanile con le sue preghiere rituali a fermare *la tempesta* (grandine in piemontese) perché i raccolti venissero preservati[17].

A questo intervento che potremmo definire sciamanico, aggiungiamo la capacità di esorcismo che alcuni preti hanno, ovvero di cacciare il male che si è insediato nell'animo della povera vittima con rituali religiosi precisi e potenti.

Gli esorcismi si praticano tutt'ora.

Inoltre tutta la celebrazione della messa domenicale è un raffinato rito di purificazione e guarigione collettiva, come vedremo meglio oltre.

L'ultima categoria che indico in questo tentativo di comprendere meglio la complessità della figura del guaritore, è il *mago* e la *maga*. La strega e lo stregone ne sono la controparte più selvatica.

Confinati tra ciarlataneria e superpoteri, sono le figure mitiche che riassumono la potenzialità di trasformazione della realtà (nel bene e nel male, ma d'altronde cos'è il bene e cosa il male?) insita nella mente umana.

Utilizzano i loro poteri (derivati magicamente o tramandati) per raggiungere obiettivi specifici anche su commissione.

In genere sono molto legati all'aspetto terreno e al godimento della vita sulla terra.

Sanno manipolare gli eventi e la materia, inclusa la mente umana, in modo tale da piegarli ai fini che si sono predisposti.

Sono molto richiesti soprattutto da chi vuole ottenere un beneficio anche a discapito delle conseguenze: fatture, malefici, filtri d'amore, riti per ottenere denaro o per vincere.

Anche la morte di un avversario o di un'intera famiglia può essere ottenuta dalla magia: basta pagare il prezzo relativo.

Nell'Africa occidentale tutto ciò è molto comune: si può andare da una di queste figure che spesso sfuma in quella del *dibia*, il guaritore o guaritrice, per chiedere che la moglie del vicino non partorisca mai figli solo per una questione di invidia, o che un parente muoia per ereditare i suoi averi.

Il mago o la maga chiameranno a raccolta le entità preposte, offriranno il sacrificio (che può anche essere un altra vita, animale ma anche umana: vita per vita) e faranno la richiesta.

Aggiungeranno feticci, oggetti, pozioni e via dicendo in base al

---

[17] testimonianze in: M. Balice, *Il calendario rituale contadino: il ciclo della vita nel Casalese*, tesi di laurea

loro credo e dall'altra parte del villaggio nei giorni a seguire un uomo muore per un male inspiegabile o una donna abortisce senza motivo.

Nella cultura italiana il mago (escludendo gli illusionisti per spettacolo) ha assunto la forma del pranoterapeuta, del e della cartomante, di colui o colei che prepara le fatture coprendo con un aura di mistero diverse abilità che vanno dalla guarigione individuale alla predizione del futuro.

Ovviamente ricordo e ripeto che queste figure sono solo generalizzazioni e che possono sfumare le une nelle altre: i confini qui proposti sono spesso solo artifici intellettuali per aiutarci ad averne maggiore comprensione.

Con l'occhio dell'antropologo e quindi guardando anche la nostra società ponendosi all'esterno, anche il medico assume delle caratteristiche apotropaiche che rafforzano da un punto di vista psicologico e sociale, il suo potere di guarigione.

Il setting (lo studio bianco con strumentazioni scientifiche e mappe mediche), l'abbigliamento (il camice), il linguaggio misterioso (le ricette), la procedura (anamnesi, diagnosi e cura) sono fondamentali per rinforzare psicologicamente il suo intervento.

Nulla è dato al caso: persino il colore delle pastiglie viene studiato a tavolino dalle ditte farmaceutiche per favorire quello che scientificamente viene chiamato effetto placebo, ovvero la potenzialità di cura al di là dell'efficacia chimica.

Il bianco per esempio è il colore prevalente: richiama infatti al pulito e quindi al disinfettato e privo di germi. Non so quanti di noi si fiderebbero di un medico che riceve in un bungalow vestito con camice a fiori e pantaloncini: se lo facessimo ci verrebbe spontaneo metterlo nella categoria dei guaritori e non dei medici.

LA COMUNITÀ

Il terzo elemento nella narrazione curativa è la comunità. Questa non può mai mancare, sia essa la famiglia sia che venga coinvolto il villaggio intero.

Ma la comunità non è solo quella dei visibili ma coinvolge anche gli avi ed i loro spiriti: la famiglia come una spirale tra passato presente e futuro.

La genetica è un po' la controparte scientifica di questa credenza ancestrale: dentro di noi portiamo sempre e comunque tutto ciò che ci ha preceduto in termini di caratteristiche fisiche, razziali, psicologiche e biologiche e può anche determinare o influenzare una buona parte di ciò che saremo.

Gli avi son nel sangue.

La comunità arcaica è sempre considerata un microcosmo nel macrocosmo, in qualche modo replica le grandi leggi e viceversa.

Ancora oggi la famiglia dovrebbe essere considerata il nucleo centrale delle nostre società evolute: essa rappresenta una fotografia dei grandi sistemi: le sue patologie fisiche e mentali o viceversa il suo equilibrio dinamico dovrebbero essere gli indicatori della salute o della malattia di una società nel suo complesso.

Ultimamente si dedica poca cura alla famiglia che abbandonata a se stessa manifesta disagi a vari livelli.

Depressioni, incapacità di comunicazione, solitudini, ansie, superficialità, stress sfociano infine nella sua disgregazione. Un tessuto sfilacciato così come sfilacciato è il tessuto sociale a cui apparteniamo nella nostra contemporanea comunità globale.

Il fenomeno del femminicidio, così come quello dell'omicidio dei propri figli con conseguente suicidio, sono sintomi evidenti di questo malessere e disgregazione, richiami che rimangono inascoltati e senza risposte da parte delle istituzioni.

Nello schema che segue si cerca di riassumere la collocazione della persona secondo le MT nel mondo e nei mondi. Come ogni schematizzazione utilizzata nell'ambito antropologico, ne vanno sfumati i contorni.

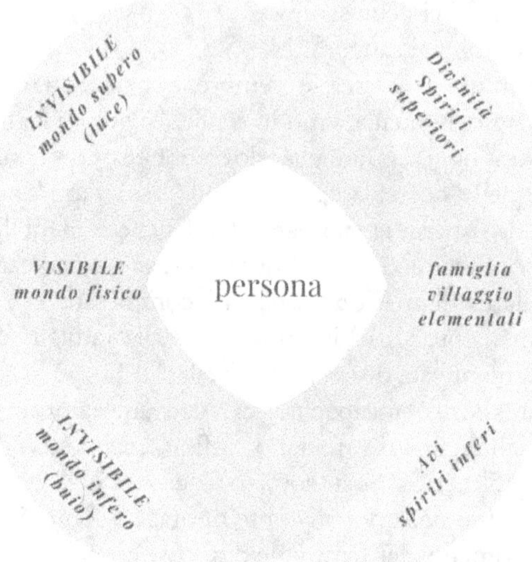

Se nella nostra cultura occidentale contemporanea l'unico aspetto valido e sul quale si interviene è il visibile, nelle culture tradizionali lo spettro è più ampio.

L'abbiamo detto e lo ripetiamo: le culture tradizionali sanno che non si vede solo con gli occhi (o con gli strumenti scientifici) e che esiste un universo percettivo che permette a ciascuno di noi di cogliere ciò che sfugge alla sola vista.

Il problema è che non è definibile a parole.

Il soggetto si trova sempre (sano o malato che sia) in uno stato mediano tra mondo supero e mondo infero e la comunità comprende tutti e tre i livelli.

C'è sempre una completa interrelazione tra queste forze e per chi interviene nel ripristino degli equilibri perduti questo dato è fondamentale.

Ecco perché la MT ha efficacia (come sostiene anche l'OMS) se si agisce su tutto il contesto: comunità e persona.

Se l'intervento viene decontestualizzato, se ne viene presa solo una parte e applicata allo stesso male, per esempio, non funziona.

Nella omeopatia, per fare un esempio recente, il rimedio è tipologico e non sintomatico: dare un rimedio omeopatico per l'asma non funziona (per come la cura è stata ideata). Va delineato un profilo caratteriale e psicologico del malato singolo per trovare il giusto rimedio perché il linguaggio del corpo (asma) rimanda a motivazioni diverse, a cause diverse (ansia? Problemi polmonari? Allergia? Trauma infantile?) e sono queste che vanno trattate.

Nella nostra società contemporanea occidentale è molto difficile lavorare con una reale e totale Medicina Tradizionale. Per farlo bisogna ricreare un clan (magari per affinità spirituali o culturali) con le sue regole ed i suoi riti che generi appartenenza e quindi identità. Solo allora la potenza delle medicine tradizionali si esprime nella sua completezza.

Se non credi non funziona recita un proverbio africano. Il credere, il fidarsi, la fede fanno parte di questa grande ed arcaica famiglia culturale il cui potere non è tanto "medico", di cura biochimica, ma piuttosto di guarigione sociale e animica.

4. L'ANATOMIA ENERGETICA NELLE MT

*"È più importante sapere che tipo di persona
ha una malattia,
piuttosto che sapere che tipo di malattia
ha una persona"*

Ippocrate

Da questi concetti sopra espressi comincia a delinearsi anche la struttura di base di una sorta di anatomia generica delle MT nella quale la struttura dell'organismo e la sua composizione fisica ha relativa importanza.

In generale siamo convinti che gli antichi e soprattutto i la gente del popolo, fossero così ignoranti da non conoscere il corpo umano ed il suo funzionamento. Ma non è così.

Gli Egizi così come le civiltà precolombiane del centro America avevano sviluppato una raffinata medicina chirurgica.

E già nel Neolitico l'utero femminile veniva associato per forma alla testa del toro finendo come decorazione in utensili e persino case, come fa notare Marija Gimbutas nel suo saggio *Il linguaggio della dea*.[18]

Le corna del toro erano associate in molte culture dell'antichità alla

---

[18] Marija Gimbutas, *The language of the Goddess*, pag. 265-266

crescente, la falce lunare del primo quarto. La luna, come ben sappiamo, ha una rotazione intorno alla terra all'incirca della stessa durata del ciclo femminile e ne diventava misura.

L'osservazione empirica della natura era quindi parte centrale del codice e del linguaggio simbolico utilizzato per tramandare la conoscenza.

Laddove la scrittura non esisteva o non era diffusa tra le classi, a descrivere gli eventi e la visione del mondo erano il disegno ed i simboli (anche noi italiani siamo stati un popolo di analfabeti fino alla metà del secolo scorso, non dimentichiamolo).

Dobbiamo inoltre ricordare che i nostri avi godevano di un'esperienza diretta con la natura talvolta dura e cruda. Gli animali venivano sviscerati per alimentarsi e scuoiati per vestirsi: qualsiasi famiglia contadina del '900 allevava bestiame da cortile per cibarsene ed era sotto gli occhi di tutti la loro uccisione, la pulizia e l'utilizzo praticamente di quasi tutte le parti utili.

Non solo: le malattie e le morti degli stessi membri della famiglia, così come le nascite, avvenivano in casa sotto gli occhi di tutti i membri.

La cura del cadavere nei giorni successivi la morte e fino a sepoltura era un rituale complesso e raffinato che nella tradizione rurale durava anche fino a sette giorni per permettere all'anima di lasciare il corpo, tempo che nel secolo scorso si ridusse a tre.

Ciò significa avere a che fare con tutte le prime fasi di decomposizione dei corpi e relativa cura.

Era normale.

Nelle culture antiche poteva anche accadere di morire perché attaccati (o anche mangiati) da animali selvatici: trovare cadaveri (umani o animali) faceva parte dell'esperienza umana. Quindi è impossibile che l'uomo "primitivo" non conoscesse l'anatomia. Probabilmente ne aveva un'esperienza diretta maggiore e più completa della nostra.

Ancora a sostegno di questa ipotesi vi sono tutti i miti e le credenze legate al potere magico degli organi che ancora oggi fanno parte dell'immaginario simbolico umano: il cuore per il coraggio, i genitali per la virilità, il fegato per la forza e via dicendo. Alimentarsi di una parte del corpo di un animale (o di un umano) significa acquisirne i poteri relativi.

Ecco perché spesso in alcune culture veniva decapitata la testa del nemico e portata a casa come trofeo: niente era più disonorevole che morire (ovvero vivere in eterno nella terra degli avi) con un corpo mozzo, senza ciò che comanda, il capo.

Quindi ci possiamo chiedere il perché le Medicine Tradizionali, pur avendo le conoscenze, non abbiano perso tempo a delineare una anatomia e una fisiologia così specifica e approfondita come invece hanno fatto le medicine dotte.

Probabilmente perché la parte fisica per le MT è quella meno importante: è solo materia. Il senso sta nel simbolo che sottende, nel mito che ne narra le gesta (e le funzioni) ed il luogo dove accadono le cose importanti non è quello terreno.

Se la scienza contemporanea fosse esatta avrebbe già trovato le risposte a tutte le ataviche domande: perché ci ammaliamo e moriamo tra le più importanti. Ma non è così. Per quanti sforzi essa faccia per combattere malattia e morte noi continuiamo ad ammalarci e a morire.

Qualcosa sfugge anche alle strumentazioni più raffinate.

Le MT invece hanno un'accettazione della morte come elemento naturale: non tentano di combatterla, sanno che è inevitabile.

Quello che conta è la qualità della morte, il come si muore: con onore o con disgrazia. E il come si vive.

Quindi la lotta non è contro la morte o la malattia. Forse non c'è neppure lotta ma piuttosto tentativo di comprensione, tentativo di riparazione o il coraggio del confronto.

Sono due ottiche completamente diverse.

La malattia è la manifestazione di qualcosa che si è spezzato e che va riparato. La guarigione può essere il ritorno alla salute così come l'accettazione serena che il proprio tempo è finito.

Ciò non vuol dire che non vi è dolore nelle comunità quando qualcuno muore: i riti funebri comportano tradizionalmente lunghi rituali e il canto delle lamentatrici (donne che piangono e urlano perfino il loro dolore) era diffuso, forte, intenso. Ma espresso il dolore la vita deve procedere e la persona cara scomparsa deve trovare pace nel suo posto tra gli avi.

Nessuno per le culture tradizionali, sparisce per sempre. Viaggia solamente in altri posti a noi non visibili. Per ora.

Pertanto se non vi è una schematizzazione anatomo–fisiologica ben definita nelle MT è perché questa non è di interesse primario.

La malattia non sta nel fisico. Nel fisico c'è solo la materia, il materiale di cui siamo fatti e che è destinato ad imputridire, non la nostra essenza.

Quello che però c'è è il mito: è il corpo narrato nelle sue funzioni come storie, utilizzando figure mitologiche o immaginarie che vivendo nei nostri corpi ne raccontano le gesta.

Un esempio di questa anatomia simbolica è l'utero considerato dalle donne della campagna toscana a fine ottocento come un'idra a sette teste : *"L'utero infatti, quando non è nel periodo di gestazione, è considerato dalle nostre vecchie, come un animale, di cui esse non sanno definire la forma, ma che, nella loro immaginazione, possiede sette capi o teste, quasi un'idra nascosta entro il ventre, dotata di movimento di traslazione, di gusto e olfatto.*

Capace di sdegnarsi se qualche sapore od odore ne irriti i sensi, e sdegnarsi a tal punto da finire (uccidere, ridurre a mal partito) colei che la porta nelle sue viscere, col soffocarla"[19]

Sempre Zanetti nella sua affascinante ricerca sottolinea: *"Sicché a mio parere, nulla è totalmente immaginato nella medicina che io chiamo delle nostre donne.*

Le loro idee in patologia, debbono avere un qualche germe in idee manifestate in scritti antichissimi, benché da esse ignorati: i loro rimedi debbono ritrovarsi nelle vecchie farmacopee: i loro segreti e metodi misteriosi di cura che si ascondono sotto fogge più o meno recenti e strane, avranno stretta parentela con riti o credenze di remote religioni: altri staranno a rappresentare i ruderi di sistemi scientifici creati dalla aberrazione di più secoli: altri saranno collaterali di usi ancora oggi vigenti in paesi lontano da noi"[20]

Zanetti pubblica il suo studio "folk-lorico" a fine ottocento e, da buon studioso, cerca di rendere accettabile il sapere medico femminile ad un pubblico di intellettuali (per lo più maschi).

Apprezziamo il suo sforzo anche perché la sua ricerca è un tesoro di valore inestimabile per ciò che riguarda la nostra cultura popolare italiana (e femminile) di cui alla fine conosciamo ben poco.

In ogni caso egli non denigra mai nel testo le usanze popolari, non le considera mai sciocche, superstiziose o inefficaci. Semplicemente da buon studioso le descrive nel modo più oggettivo possibile.

Il testo in questione ci aiuta a comprendere quanto fosse complessa ed approfondita la lettura anatomo–fisiologica nel mondo popolare contadino, benché il suo linguaggio rimanga mitico, simbolico e magico.

Entrare nel dettaglio di questa anatomia non è compito di questo scritto (magari l'argomento verrà affrontato in un prossimo lavoro),

---

[19] Zeno Zanetti, *La medicina delle nostre donne*, pag. 81
[20] Ibidem, pag. 5

ma è necessario delineare la struttura del corpo umano così come considerata dalle MT e di cui il corpo è solo una parte.

La suddivisione basilare classica e condivisa tra molte culture così come dalle Medicine Complementari contemporanee è quella che vede tre livelli: dal più materiale al più sottile o energetico.

Spirito, Anima e Corpo fisico manifestano le tre grandi parti della nostra anatomia secondo le MT. La relazione tra materia ed energia definisce le differenze.

Lo Spirito è la parte più sottile, in cui la porzione di materia è minima, e quindi è in grado di entrare in relazione con le energie affini del mondo degli spiriti e delle divinità.

L'Anima ha una porzione di materia e di energia miste, è qualsi collocabile nell'organismo e sicuramente compartecipa alle manifestazioni che noi chiamiamo psicosomatiche.

Il Corpo fisico è quello in cui la materia prevale, ma non manca ovviamente di una porzione sottile.

Tali livelli corrispondono simbolicamente alla triade già precedentemente descritta nel capitolo dedicato alla geografia multidimensionale: Cielo, Terra, Infero rimandando al concetto della stretta relazione tra microcosmo e macrocosmo.

La suddivisione tra livelli materia / energia è la prima e più elementare: viene utilizzata in ogni sub livello così come in ogni aspetto o organo o malattia osservati: in un osso per esempio, la parte di materia è evidente e chiara ma abbiamo anche una parte mista che è il midollo che permette il passaggio di informazioni grazie al sistema nervoso, parte ricca di energia. Ovviamente noteremo livelli di prevalenza diversi a seconda dei casi.

La danza tra questi livelli è continua ed il corretto dialogo è alla base del processo di salute/guarigione.

Come ogni pianta è diversa dalle altre, così ogni individuo viene indagato e valutato nella sua specificità. Noi siamo semi dei quali ognuno è diverso dall'altro. Il nostro compito è essere ciò che per natura siamo.

Allo stesso modo possiamo immaginare tre livelli diversi di intervento di risanamento nelle MT che agiscono sui livelli precedentemente espressi se si considera come soggetto la comunità e non il singolo.

E proprio perché la comunità è il primo soggetto, vedremo quanto sia di primaria importanza l'intervento preventivo.

L'educazione alla salute (che è da considerarsi come medicina preventiva) era insita nel passaggio di informazioni culturali condivise ed avveniva proprio grazie a quel linguaggio mitico simbolico per cui le storie degli antichi e le prescrizioni religiose in realtà narravano come comportarsi in modo da restare sani e forti.

Una pedagogia igienico-sanitaria empirica, insomma.

"Tutte le culture tradizionali derivano la loro funzione igienica da questa capacità di dotare l'individuo dei mezzi che gli permettono di tollerare il dolore, di comprendere l'infermità o la menomazione, e di dare un senso all'ombra incombente della morte. La cura della salute, in tali culture, è sempre in primo luogo un programma di regole per mangiare, bere, lavorare, respirare, fare l'amore, far politica, far ginnastica, cantare, sognare, fal la guerra, soffrire. L'azione terapeutica consiste per la maggior parte in un modo tradizionale di consolare, assistere e confortare il prossimo finché non si rimetta in salute, e la cura degli ammalati è soprattutto una forma di tolleranza nei confronti di chi soffre"[21]

Ecco perché troviamo diffusi i tabù mestruali, ad esempio, pressoché in tutte le culture che, se osserviamo al di là della superstizione, permettevano alla donna mestruata di stare separata dalla quotidianità spesso fatta di duro lavoro consentendole di recuperare le energie.

Oppure pensiamo ai digiuni religiosi, come ad esempio la quaresima cattolica che serviva a purificare l'organismo dopo il lungo inverno dove, per esigenze alimentari e di conservazione dei cibi (il frigorifero non era stato ancora inventato), ci si era alimentati prevalentemente di legumi e cibi grassi mentre frutta e verdure scarseggiavano.

Per quanto riguarda una possibile e sempre relativa schematizzazione, vi propongo la seguente che prova ad associare credenze, superstizioni e riti alle diverse parti di cui è costituito l'essere umano secondo le MT.

FISICO

Regole alimentari, usi e costumi tradizionali.

Comprende i riti e la cultura alimentare come ad esempio i piatti tipici delle festività che regolano l'alimentazione in sinergia con le stagioni come la torta pasqualina di primavera realizzata con le prime

---

[21] Ivan Illich, *Nemesi Medica*, pag.138-139

erbe di stagione. O allo stesso modo i tabù alimentari, come il non mangiare carne di maiale che vige soprattutto nei paesi caldi nei quali tale carne si deteriora in fretta.

Include anche le regole religiose di profilassi come lavarsi le mani prima della preghiera, le prescrizioni igienico-religiose sulle "parti impure" che rimandano a regole igieniche o i tabù e i divieti come l'isolamento per soggetti in una fase debole della loro esistenza che divertano atti di protezione sia del singolo sia del gruppo.

Anche l'erboristeria popolare con i suoi rimedi contiene un aspetto simbolico che rimanda alle proprietà fitoterapiche, come il potere dell'aglio di allontanare tanto i vampiri/demoni quanto i virus.

Alcuni amuleti e scaramanzie, come versare olio o sale per terra intesi come segno di sciagure, rimandano sovente anche a significati utili per la vita quotidiana: come per esempio il valore economico sia del sale sia dell'olio la cui perdita futile era senz'altro una sciagura economica.

Pertanto possiamo cercare di intravedere tra alcune indicazioni anche un intento pedagogico ed educativo da trasmettere alle generazioni anche a costo di "spaventare" con le possibili funeste conseguenze.

ANIMA

Riti sociali settimanali, feste, cerimonie, riti di passaggio, tabù e regole sociali.

Comprende le celebrazioni settimanali ricorrenti, i passaggi rituali di status come iniziazioni giovanili, matrimoni, battesimi.

Tali riti si scansionano sia nel tempo lunare, la settimana, sia in quello solare, le feste dell'anno, e sia infine anche lungo la vita dell'individuo stesso che, cerimonia dopo cerimonia, dal battesimo al funerale, rinnova la sua appartenenza al villaggio ed al suo sistema di credenze culturali e religiose e con esse ai valori etici e morali.

Ogni celebrazione settimanale ricompatta la comunità attorno ai suoi valori fondanti, permette di riappacificarsi e di considerarsi di nuovo come un soggetto unico. Il dolore del singolo si mescola alla *pietas* del gruppo e la comprensione ed il perdono collettivo lavano le colpe e le imperfezioni riordinando il piccolo mondo d'appartenenza.

Allo stesso modo le feste lungo l'arco dell'anno, sovente caratterizzate da un'intensità maggiore (pensiamo al Carnevale o al Natale), rinsaldano, guariscono e ricompattano il collettivo sui grandi valori.

Il singolo non è mai solo: la comunità dei presenti e degli avi lo accompagna in ogni passaggio esistenziale.

SPIRITO

Riti religiosi e celebrazioni speciali.

Quando i piccoli gesti scaramantici o le ritualità annuali non bastano, saranno le cerimonie speciali a portare ad un altro livello l'individuo o la comunità e a ricompattarli su valori ed intenti comuni. Comprende gli esorcismi per esempio o le celebrazioni annuali di guarigione come quelle per curare il tarantismo in Puglia, le processioni collettive verso un luogo sacro o le celebrazioni in cui l'aspetto divino supera quello umano e contingente.

I rituali folklorici legati al calendario dell'anno avevano non solo il compito di riconnettere l'individuo al ciclo della natura e a propiziarne la prosperità, ma anche di purificare la comunità tutta da eventuali affezioni rinforzando il legame attraverso la reiterazione della condivisione delle regole e credenze sociali.

Il senso di unione comunitario va rinnovato periodicamente, così come periodicamente vanno ricordati e rinforzati i credo, antichi come la fondazione del villaggio: credo che sono il mezzo educativo attraverso cui la conoscenza passa in modo orale e la pedagogia che permette ai gruppi sociali di sopravvivere al caos di cui la natura è composta.

Riti e credenze fanno quindi parte di quei fenomeni di cura e guarigione collettiva di cui il folklore italiano è ricco, almeno fino al secolo scorso, e del quale stiamo perdendo trama e ordito.

Essi consentivano una profilassi di massa (una sorta di vaccino psichico e sociale) per dirimere i contenziosi, fare pace e ripristinare gli equilibri.

Ma vediamo uno per uno questi livelli più nello specifico, tenendo sempre presente che le schematizzazioni sono una guida e non un rigido contenitore.

CORPO FISICO

Il corpo fisico è il primo livello, quello materiale e visibile, in cui si manifesta la malattia. Ed è infatti il soggetto di tutta la medicina contemporanea e scientifica.

Nelle MT il corpo è una sorta di contenitore nel quale risiede momentaneamente la nostra vera essenza fatta di anima e spirito.

È costituito dalle fibre rigenerate dei nostri avi, dalle loro ossa riplasmate pertanto è la parte che ci lega alla discendenza, alla terra, al clan.

All'interno vive uno spirito che, a seconda delle culture, può essere o meno la reincarnazione di un avo o di una persona cara mancata anche da poco o semplicemente il prosieguo della famiglia.

Nella sua perfezione naturale il corpo è forte e sano.

Forza e salute sono le caratteristiche primarie a cui le varie culture tradizionali danno importanza: un bambino grassottello e colorito, una fanciulla florida, un giovane muscoloso e energico sono garanzie di salute e longevità.

Come per una pianta che avvizzisce prima del tempo, ogni segno precoce di decadimento, inappetenza, pallore, debolezza indicano che la persona non è forte abbastanza per affrontare la vita.

Possiamo quindi comprendere come fosse desiderabile come sposa una donna grossa, con fianchi larghi e grandi seni: forte abbastanza da caricare le gravidanze, nutrire i piccoli e lavorare.

L'osservazione era elemento primario ed il cibo la prima cura.

Ricette tipiche e credenze alimentari hanno permesso ad ogni gruppo etnico di sopravvivere mantenendo sano il corpo in stretta relazione con le colture locali e stagionali. Niente era casuale.

Negli stati del sud della Nigeria, per esempio, lo zucchero è considerato un alimento che toglie potere e fa ammalare: gli uomini evitano le cose dolci perché rammolliscono la potenza virile e fluidificano lo sperma. Preferiscono l'amaro (che cura sempre) e il piccante.

Sugli effetti dannosi dello zucchero la letteratura scientifica oggi è vasta ma pure la nostra erboristeria tradizionale vedeva negli amari degli ottimi rimedi per favorire la digestione (e il ph dello stomaco).

I danni che la globalizzazione alimentare con la relativa industrializzazione del cibo ha creato sono incalcolabili e porteranno ad una sola ed inevitabile conseguenza: l'indebolimento della razza umana nel suo complesso e la conseguente dipendenza dal sistema sanitario ed economico per il mantenimento della salute.[22]

Un corpo sano è quindi considerato intanto un dono di natura: chi

---

[22] A questo proposito si consiglia di leggere le opere di Ivan Illich, in particolare *Nemesi medica*

è forte ed in salute è fortunato ma proprio per questo è anche a rischio di invidia.

Nella tradizione italiana, ma non solo, i neonati più son belli e paffuti più van protetti dal malocchio, dal cattivo sguardo magari di una vicina che non ha avuto figli o che li ha persi perché deboli e malaticci. Gli amuleti per bambini sono i più diffusi in tutto il mondo.

Un corpo sano resiste alla fatica naturale della vita e agli attacchi di entità terrene o spirituali che possono destabilizzare il naturale equilibrio.

Il malocchio è la più diffusa causa di malattia: l'*evil eye* può colpire chiunque e dovunque, basta uno sguardo carico di invidia, rabbia, gelosia o cattiveria. Entra nell'organismo come farebbe un batterio o un virus e comincia a mangiarlo da dentro.

Se non è lo sguardo di qualcuno ad infettarci potrebbe essere anche un demone, uno spirito del luogo o lo spirito di un antenato (nostro o del vicino) che non ha trovato pace.

Insomma: qualcosa entra nel corpo fisico e ne disturba l'equilibrio fino a farlo ammalare e anche morire.

Per questo motivo nelle MT viene data grande importanza alla protezione degli orifizi: bocca, orecchie, naso, ombelico, ferite aperte, genitali. Ogni apertura è una via di accesso per il male, e non possiamo dare torto a questa lettura anche se a noi vengono in mente virus e batteri invece che spiriti e fatture (pensiamo all'uso delle mascherine obbligatorie durante la pandemia Covid).

Tutti noi abbiamo avuto una mamma che ci urlava di coprirci bene gola e orecchie nelle giornate di vento e di mettere sempre la canottiera affinché l'aria non entrasse nell'addome: il vento o l'aria sono infatti elementi che turbano, che han la capacità di entrare, così sottili, dentro i corpi e di portare con sé qualcosa di invisibile e di potenzialmente pericoloso.

L'otite, la congiuntivite, il mal di gola ma anche il mal di pancia e la diarrea possono essere causati da colpi d'aria e sappiamo benissimo che gola e intestini sono le prime barriere per infezioni che potrebbero diventare più gravi perché andrebbero ad attaccare parti del corpo più interne che vanno protette.

Lo stesso le ferite sono aperture che, se non curate, possono infettare l'intero organismo fino alla morte.

Rimedi preventivi, oltre le prescrizioni igieniche, sono quindi intanto gli amuleti che proteggono la parte animica oltre che il corpo fisico di per se stesso: sono una sorta di portafortuna nella speranza che il male non mi veda e quindi non mi colga.

Collane, bracciali, pendagli e sonagli appartengono alla vasta gamma di amuleti: specchi che distraggono lo sguardo invidioso con i loro bagliori, così come santini, brevi, tatuaggi creano uno scudo protettivo e un dialogo con le forze sottili. Ogni cultura ha il suo carnet di protezioni per ogni età e stato sociale.

Abbiamo visto come sia fondamentale proteggere l'individuo da intrusioni maligne. Dobbiamo tenere anche conto, così come han sempre fatto le culture tradizionali, delle varie fasi della vita e soprattutto di quelle in cui è più vulnerabile.

Bambini ed anziani sono per natura i più fragili e, allora come ora, vanno tutelati. Ma in particolare i più piccoli vengono protetti poiché devono ancora fare il loro corso nella vita.

La mortalità infantile nelle culture tradizionali è sempre stata molto alta, vuoi per questioni igienico-sanitarie, vuoi per la correlata povertà sociale in cui queste comunità han vissuto e vivono tutt'ora rimanendo sempre ai margini dell'economia globale.

Per curare il corpo fisico vengono usati rimedi fisici: erbe medicinali sia per via interna che esterna, cibi, impacchi, massaggi dal significato magico, elisir, sciroppi, bagni, clisteri e vomitativi vari per espellere il male.

Al rimedio prettamente fisico viene aggiunto comunque quello animico o spirituale perché va curato sempre l'individuo nel suo complesso: pertanto preghiere, formule magiche, canti ma anche gesti particolari fanno da compendio al mero rimedio generando un approccio globale e culturale e non solo biochimico legato al principio attivo.

La solitudine della medicina contemporanea, con tutta la sua efficacia, rimane devastante: un medico che dedica anche tempo, parole di conforto e piccoli gesti al di là della prescrizione è in grado di curare la globalità dell'essere ed è in sintonia con la nostra complessa e simbolica natura umana.

IL CORPO ANIMICO

La seconda parte di questa triade fisiologica è l'anima, o *psyché* se vogliamo usare un termine classico.

Questo è *il luogo dove accadono le cose*: se si ha studiato un po' di psicologia si comprende bene l'importanza dell'aspetto psichico negli stati di benessere e malessere tanto che viene ormai riconosciuta anche nel campo accademico l'importanza delle connessioni mente-corpo e dei relativi sintomi psicosomatici.

Così come la mente può generare benessere, essa può anche generare malattia a tal punto che persino la parte fisica finisce per ammalarsi.

Similmente l'effetto placebo nasce proprio dalla potenzialità della mente di credere che un tale rimedio possa essere efficace grazie ad elementi che non hanno in realtà alcuna connessione con il principio attivo: il colore, il nome, il contesto in cui vengono presentati rimedi placebo o farmacologici hanno la loro influenza sulla resa.

In merito all'effetto placebo vi sono studi specifici e non è il caso qui di approfondire, ma sicuramente le posizioni scientifiche a riguardo sono ambivalenti: se da una parte una disciplina come l'omeopatia in Italia viene, per fare un esempio, considerata sostanzialmente un placebo, definito in senso negativo, allo stesso tempo su qualsiasi rimedio farmacologico immesso sul mercato si compiono studi relativi a quanto forma, gusto, nome, colore e via dicendo possano influenzare positivamente la sua efficacia.

In sintesi il placebo è utile quando spinge il mercato farmacologico ma è superstizione quando consente di ottenere risultati senza ricorrere al farmaco di sintesi.

Per quanto riguarda le MT a noi interessa molto tale effetto e qualsiasi effetto che un rimedio popolare possa scatenare nella mente umana, perché è proprio a questo livello che le MT funzionano.

Se una parte è sicuramente di ordine chimico (le erbe utilizzate per esempio) gran parte è di ordine psichico. Il potere del guaritore, al di là degli strumenti che utilizza, è di entrare nell'animo del malato e di dialogare col mondo ricco di persone ed eventi che affollano la psiche umana aiutandolo a mettere ordine.

Non possiamo però dire che il guaritore sia uno psicologo: non lo è.

Lo psicologo guarda alla mente e non si cura del resto o comunque focalizza sulla mente le attenzioni col presupposto che cambiando la mente cambia anche la percezione del contesto. Il suo obiettivo è di aiutare il paziente a razionalizzare e ad adattarsi alla società di appartenenza.

Il guaritore invece entra realmente nella psiche (che è più della nuda mente o del cervello in sé) e sa che lì non vive solo l'individuo ma tutto il villaggio, gli avi e gli dei e con essi instaura un dialogo col fine di sistemare le questioni sospese.

La psiche/anima è quindi il luogo privilegiato in cui opera il guaritore col suo insieme di rimedi e rituali ed è il luogo dove i tre mondi di cui sopra (Cielo, Terra, Infero) possono connettersi con più facilità e dialogare.

L'anima è una zona politeistica della psiche: vi regnano infinite personalità con il loro bagaglio di pensieri ed emozioni.

E pensieri ed emozioni non si equivalgono.

Possiamo immaginare le emozioni come energie e pulsioni molto primarie ed antiche: rabbia, aggressività, paura, desiderio sessuale, angoscia ma anche gioia, pace tranquillità, amore sono energie dense e comuni a tutta la razza umana di cui siamo composti e che ci tengono vivi.

Senza emozioni saremo abulici e moriremo di inedia (la letteratura psicologica e filosofica è ricca di studi che comprovano e approfondiscono quanto sopra).

Le ho chiamate energie dense perché contengono nella loro immaterialità un *quid* fisico, plasmatico: le emozioni pare poterle toccare.

L'ansia ci contrae l'addome, ci taglia il respiro. La possiamo sentire come fosse quasi materia: un peso alla bocca dello stomaco. La rabbia ci contrae le mascelle e le mani e via dicendo, l'amore fa battere il cuore e arrossire il viso.

Agiscono tramite il corpo per ottenere la loro soddisfazione ed è per questo che sono parte essenziale degli studi di psicosomatica.

Benché noi per cultura cattolico-aristotelica siamo abituati a dare valore morale a tutto ciò che ci circonda, le emozioni non hanno carattere morale: non sono né buone né cattive.

Possiamo uccidere per amore, la paura ci può salvare la vita e l'ansia ci spinge ad andare oltre.

Dipende dall'uso che ne facciamo e soprattutto quanto siamo protagonisti o vittime della narrativa delle nostre emozioni.

I pensieri sono invece un'energia più raffinata, meno fisica.

Noi tendiamo a considerare i pensieri, condizionati dalla nostra cultura occidentale, come più evoluti rispetto le emozioni.

Ci identifichiamo sovente con ciò che pensiamo (e qui Yoga e Zen hanno molto da insegnarci) mentre invece non ci accorgiamo che spesso sono i pensieri a gestire noi.

Siamo abituati a collocarli nella mente e collochiamo la mente dentro il gelatinoso cervello.

Ma i pensieri possono essere dei nemici formidabili: tutti noi abbiamo sperimentato quanto sia difficile in situazioni di stress far tacere quel ronzio instancabile di cose ripetute all'infinito e sovente di carattere negativo: ciò che non abbiamo fatto, ciò che abbiamo sbagliato, ciò che dovremmo fare, fino a proiettarli sugli altri e a coccolarci con quel disco rotto che ci ricorda senza sosta il male che ci ha fatto Tizio, quando è stato stronzo Caio e via dicendo.

Siamo soliti inserire, nella nostra fisiologia culturale e simbolica, le emozioni nel cuore ed i pensieri nella testa e questo concetto per noi è chiaro come il sole benché non ci sia evidenza fisica in questo.

I pensieri veicolano le emozioni: sono il fluido elettrico che le trasporta in tutto il corpo, che le riceve e che le elabora pure.

Se le emozioni sono magma primordiale che ribolle a cui bisogna dare senso, i pensieri sono gli organizzatori di questo magma spinti probabilmente da un solo obiettivo: sopravvivere.

I pensieri danno senso e collocazione, struttura etica e morale. I pensieri sono il dialogo interiore tra le persone della persona, la loro ossessività ed eterna permanenza è il nostro problema.

Possono dare voce ad ossessioni o cattivi pensieri così come ad emozioni pure e liberatrici.

Dipende da come noi le gestiamo e/o le lasciamo andare: somatizzano e l'idea diventa realtà.

Nella cultura popolare questa dualità emozioni/pensieri è passata grazie a simbolismi ed archetipi che possiamo ritrovare per esempio nella carta numero sette dei tarocchi: il Carro.

Il Carro rappresenta un giovane uomo intento a guidare una biga guidata da due cavalli che o solitamente vengono ritratti con lo sguardo verso direzioni opposte e talvolta anche colorati diversamente (uno bianco e l'altro nero).

La grafica riporta inevitabilmente al mito della biga alata di Platone dove i due destrieri rappresentano l'uno la parte dell'anima legata ai pensieri e l'altra ai desideri/emozioni che spesso spingono in direzioni diverse.

L'auriga è la parte di noi che guida entrambi verso una direzione (il Carro è la carta della vittoria) oppure si lascia guidare, cede, cade (ed è la carta al rovescio).

Abbiamo detto che questo è il livello in cui la MT gioca la sua partita più importante, cosa che vedremo meglio nei capitoli successivi.

Qui possiamo ancora dire che emozioni e pensieri sono le armi pure della magia: sono gli intenti, i malocchi, le fatture, gli oggetti caricati, gli amuleti, i brevi. Sono la medianità e lo spiritismo. Il contatto con gli dei e con gli avi.

Emozioni e pensieri usati come strumenti in modo consapevole lavorano quindi a livello dell'anima come riti magici.

Il loro linguaggio è mitico-archetipale come nel mondo onirico (come aveva ben compreso Jung).

Vedremo in seguito come vengono utilizzati nelle MT.

CORPO SPIRITUALE

L'ultima parte della macro fisiologia popolare è quella più rarefatta legata allo spirito, che si manifesta principalmente nel rito di carattere religioso e trova il suo mentore nella figura del sacerdote e della sacerdotessa o dello sciamano e della sciamana, più che del guaritore.

È la parte che appartiene a noi ma anche all'universo ed è quella che si ricongiungerà con il divino nell'eterno.

Nello spirito vi è il seme del divino che c'è in noi e dentro lo spirito noi possiamo comunicare con l'universale e il senza tempo.

Le parole acquistano valenze esoteriche e non solo simboliche (come avveniva nell'anima).

Il sacerdote o sciamano e la sacerdotessa o sciamana sono intermediari non solo tra i vivi con i morti ma tra i veri custodi del luogo: le divinità.

Il luogo di guarigione sarà dunque un luogo sacro e riconosciuto dalla comunità. Ed il rito di guarigione probabilmente prevederà delle tappe simboliche di morte e rinascita perché il livello a cui si va a lavorare è molto elevato.

Potrebbe durare giorni, prevedere interventi che vanno a scuotere tutti i livelli della persona (fisico, psichico e spirituale) o finanche della comunità se è il caso, per purificarli e ricollocarli in una nuova dimensione maggiormente allineata all'essenza della persona.

Le malattie che la persona può riportare possono essere varie ma generalmente il problema presenta caratteristiche di refrattarietà alla cura, lungo disagio (anche anni) e indeterminatezza di una causa empirica.

Può anche essere una grave malattia che ha attaccato il fisico (ma che per le MT ha radici altrove) e nonostante tutte le cure lo sta portando alla morte.

Sarà la figura sacerdotale o sciamanica a determinare causa, cura e intervento, intervento che prevede il coinvolgimento sicuramente della comunità celeste ovvero degli dei e sovente anche di quella umana, ovvero il villaggio.

Celebrazioni a scadenza ritmica (settimanale o annuale) garantiranno la cura e la guarigione della comunità nel suo insieme grazie alla cura e guarigione dei singoli dentro la comunità.

La celebrazione dell'eucarestia cristiana cattolica è esempio di un grande rito di purificazione e guarigione collettiva: nella sua struttura implica infatti un ingresso nello spazio sacro, una purificazione dai propri peccati attraverso l'ammissione delle proprie colpe e ri-affermazione di credenza nel divino, il rito purificatorio e liberatorio grazie all'intervento del figlio del divino che si manifesta nei frutti della terra come il pane ed il vino ed infine la guarigione collettiva grazie al perdono che vale come rinnovamento e rinascita.

Sono interessanti molti aspetti del rito cattolico tra cui la mensa rituale dove il divino viene introiettato mangiandolo, con una sorta di sacro cannibalismo rituale, oppure il gesto di purificazione e guarigione della comunità attraverso il perdono che passa non solo dal divino verso l'umano ma anche vicendevolmente tra gli uomini e le donne quando, scambiandosi un segno di pace, pongono fine a ciò che ha turbato gli equilibri.

Sicuramente può sembrare strano ad alcuni la lettura del rito cattolico in una versione antropologica, ma questo tipo di lettura in realtà ci permette di comprendere pienamente quanto sia potente questa celebrazione, a prescindere dalla religione o spiritualità a cui apparteniamo.

Ovviamente questi tre livelli di intervento (il fisico, lo psichico e lo spirituale) sono solo uno schema concettuale che ci aiuta a dare un senso ad una serie di informazioni altrimenti vaghe e difficili da gestire o collocare.

Le aree sfumano l'una nell'altra e i corpi suddetti non sono poi così separabili o divisibili.

Neppure lo sono le malattie ed i metodi di intervento che nelle MT sfumano tranquillamente l'uno nell'altro.

Allo stesso tempo però queste differenze devono essere ben visibili e conosciute da chi pratica: bisogna sapere dove sto intervenendo (a che livello) e quali energie chiamare in causa e soprattutto dove è sita la radice della malattia, dello squilibrio che, come una verruca se non estratta completamente, rischia di ripresentare il male a distanza di tempo.

5. IL CONTESTO DELLA MT

"Se volessimo usare dei termini archetipi per descrivere quanto determina i forti legami tra i lupi, potremmo supporre che l'integrità dei loro rapporti deriva dalla loro sottomissione all'antica natura Vita/Morte/Vita. È, questa natura, un ciclo di animazione, sviluppo, declino e morte seguito sempre dalla rianimazione, che influenza la vita fisica nel suo complesso e tutte le sfaccettature della vita psicologica"

Clarissa Pinkola Estés[23]

Abbiamo fin qui tratteggiato una prima morfologia sistemica delle MT creando già un linguaggio comune e degli schemi concettuali che ci han permesso di chiarire alcuni punti salienti.

Ora scendiamo maggiormente di profondità entrando all'interno di quegli *spazio-tempi* descritti in precedenza.

La Medicina Tradizionale si contestualizza grazie ad alcuni concetti chiave dai quali non è possibile prescindere. Questi sono le dualità Vita/Morte, Visibile/Invisibile e i concetti di Mito e Rito.

---

[23] Pinkola Estés C., *Donne che corrono coi lupi*, pag. 133

VITA/MORTE

Vita/Morte è la prima categoria duale (o triplice, nella sua forma dinamica vita/morte/vita) che permea il pensiero arcaico e tradizionale.

Intesi come uno yin-yang, i due concetti non sono separabili o mutualmente escludenti così come il nostro pensiero moderno e contemporaneo invece sostiene quando intende che se c'è vita non c'è morte e viceversa.

In realtà nel pensiero antico in ogni stadio vi è sempre presente anche solo una piccola parte dell'altra metà: nessuno è completamente morto ma vive da qualche altra parte e nessuno è completamente vivo in quanto soggetto a morte e decadimento in ogni momento.

Il ciclo della vita naturale ripropone questa dualità danzante: la pianta cresce dal seme e fruttifica ed è quando è al massimo della sua potenzialità che secca e seccando genera nuovo seme.

L'individuo (e la sua vita e morte) sono solo parti di un tutt'uno che replica uno schema dinamico e circolare e garantisce l'esistenza collettiva grazie a questa oscillazione.

La vita eterna del singolo in natura non esiste: sarebbe di impaccio e genererebbe un malfunzionamento dell'ordine armonico delle cose. Al limite esiste il desiderio di vita eterna per il clan, per la famiglia, per il villaggio.

Tale ciclo non è più dunque una linea storica che scoccata da un punto A porta in un punto B più evoluto e migliore del primo, ma è una spirale che si srotola e arrotola su se stessa sin dalla notte dei tempi, come una materna Via Lattea.

La visione cosmica o cosmovisione tradizionale e popolare, come abbiamo già espresso in precedenza, è quindi basata su un concetto del tempo circolare con tutto quello che ne consegue.

La differenza tra le due strutture di pensiero pare più chiara se pensiamo, per fare un esempio, alla reazione dopo un evento naturale di grande portata tipo un alluvione: il pensiero lineare porta a considerazioni tipo "Siamo nel 2021 e capitano ancora queste cose!". Il pensiero circolare invece conduce ad altre riflessioni, quali: "Cosa abbiamo fatto per scatenare ciò? Come possiamo rimediare?".

La circolarità del pensiero è ben visibile in tutte le comunità tradizionali mediante la strutturazione culturale del calendario che prevede punti rituali che si ripetono annualmente senza sosta da millenni, anche nella nostra società "evoluta".

Tale circolarità non è solo convenzione ma è un concetto molto più empirico di ciò che a primo sguardo potrebbe sembrare poiché fa riferimento alla posizione della terra nel sistema solare, al suo ruotare attorno al stella Sol e agli effetti delle quattro stagioni (nel nostro emisfero europeo) che modificano totalmente ed essenzialmente la vita della comunità.

In assenza di supermercati e di economia globale possiamo capire quanta importanza abbia rivestito per millenni lo schema stagionale circolare per le popolazioni tradizionali e agrarie.

Per tale motivo sono di fondamentale importanza, se ci si vuole avvicinare allo schema di pensiero antico, le conoscenze relative ai due calendari utilizzati dall'umanità: quello solare e quello lunare, soprattutto in riferimento alle proprie culture locali.

Tale rotazione, che nel nostro emisfero comporta quattro stagioni, prevede momenti dove la vita della natura viene esaltata e momenti invece dove la morte naturale pare avere il sopravvento.

Lo stesso, con tempistiche diverse, avviene in altre regioni della terra: a seconda del ritmo stagionale di fertilità e fecondità della terra *versus* periodi di sterilità e arsura, le comunità hanno costruito miti, riti, cultura, arte. Il tutto per garantire che la conoscenza empirica sui tempi e modalità di semina, raccolta e conservazione venga tramandata e che la sopravvivenza della specie sia garantita.

Ma il ciclo Vita/Morte/Vita permeava e permea ancora oggi ogni aspetto dell'esistenza.

Sicuramente la vita a stretto contatto con la natura rendeva maggiormente palese le nascite, gli accoppiamenti, le morti naturali e le morti violente.

Sin dall'antichità le persone decedute sono state sistemate in posizioni che ne garantissero il rispetto, il ricordo e forse la possibilità di vita o su un altra dimensione o come ritorno.

È grazie all'uso di sepolture che gli archeologi differenziano un comportamento animale da uno umano in riferimento ai nostri antenati.

Dalle sepolture nel Neolitico in posizione fetale dentro aree a forma di cerchio per le società mediterranee a stampo matristico e matriarcale ai cumuli di pietra delle patriarcali comunità nordiche chiamate appunto *kurgan* dall'archeologa lituana M. Gimbutas.[24]

Quindi il concetto di vita e morte come linea ininterrotta e circolare è arcaico come l'uomo: se il sole rinasce, se le stagioni si

---

[24] vedi a proposito M. Gimbutas, *Kurgan, le origini della cultura europea*

ripetono anche una singola vita può tornare. Magari in una forma diversa.

Più che un cerchio potremmo rivedere tutto ciò come una spirale: un movimento rotatorio che segue sempre la stessa curva ma oscillando e ponendosi su livelli mai identici, esattamente come i pianeti.

La catena degli avi diventa quindi il DNA della comunità: siamo noi ma con tutti i noi che sono stati i nostri parenti.

Il clan diventa fondamentale perché racchiude la nostra essenza, la linea di discendenza (paterna o materna) è la carta di identità e si snocciola come una litania di *figlio di … che è figlio di …*

Nel sud di Italia molti cognomi mostrano la patrilinearità: Di Paolo, D'Antonio, Di Luca etc sono patronimici che mantengono tra le generazioni la conoscenza della linea di discendenza famigliare da parte di padre.

I nostri figli quindi non sono solo il prodotto biologico del nostro ego ma appartengono alla famiglia e alla comunità. Sono il prolungamento del nostro DNA socio-culturale non solo cellulare.

Da qui l'importanza delle linee di discendenza patrilineari e matrilineari che hanno segnato e segnano ancora le nostre culture, della trasmissione orale delle storie, della cultura e delle conoscenze.

La stessa circolarità e dinamicità Vita/Morte è quella pulsazione che permette al guaritore o sacerdote di intervenire sui nostri corpi per riallinearci.

Ogni cellula ha un movimento di espansione e contrazione continua, ovvero di vita e di morte: agire su questi livelli permette di riportare tale pulsazione alla giusta frequenza e quindi di rigenerare la vita intera come equilibrio dinamico.

VISIBILE/INVISIBILE

La dualità implicita tra vita e morte si estende a quella di ciò che è visibile *versus* ciò che non vediamo ma che in qualche modo si rende manifesto e vive nella dimensione del mistero.

Sono i nostri occhi ad avere dei limiti, non la "realtà" che ci circonda: così le anime di chi non c'è più ancora vivono e agiscono sulla nostra vita e sulla comunità, allo stesso modo gli spiriti delle cose, della natura e le divinità.

Quanto è diverso questo pensiero dal pensiero contemporaneo che crede solo a ciò che vede e può dimostrare.

Ogni visibile contiene degli aspetti invisibili e viceversa: il guaritore conosce molto bene ciò e sa come vedere oltre, e deve vedere oltre se vuole agire sulle cause che non sono mai solo nel corpo. Un oltre che sta non solo nello Spazio ma anche nel Tempo: vedere i passati ed i futuri possibili (chiaro-veggenza).

Caratteristiche come intuizione, sogno, capacità di lettura archetipale e simbolica, sensi acuminati ed una mente aperta saranno fondamentali per vedere oltre e non fermarsi solo all'aspetto visibile.

Così come un'attenta conoscenza della comunità in cui il soggetto vive sarà essenziale per decifrarne il linguaggio simbolico e archetipale e collocare la persona nel contesto sia del qui e ora sia in quello del senza tempo dove avvengono le cose.

Quest'ultima operazione è la più difficile per il guaritore e la guaritrice contemporanei perché la comunità è spezzata ed essi possono operare e agire solo su individui che si recano da loro con il loro bagaglio di sofferenza individuale e la cui appartenenza ad una comunità o ad un clan è frammentata.

MITO

Mito e rito stanno tornando alla ribalta nell'ambito della scrittura e dello storytelling come basi della narrativa psichica degli individui.

L'importanza di narrare una storia è diventata di primaria importanza perfino nel marketing in cui è evidente che non basta più vendere un prodotto ma bisogna vendere il sogno che sta dietro, la sua storia appunto.

Per comprendere e praticare la MT è necessario saper entrare in una dimensione altra che è quella del sacro e questa entrata avviene attraverso una narrazione archetipale e mitologica.

Abbiamo visto come nel pensiero antico tutti gli eventi storici, dalla vita del singolo individuo alla stessa storia umana e universale, si ripetono senza sosta in una spirale (Universo) che ruota su se stessa (circolarità).

Il nostro evento contingente nelle sue caratteristiche "altre" appartiene all'eterno e all'eterno ruotare.

Possiamo comprendere meglio quanto sopra se facciamo riferimento al pensiero africano che mostra caratteristiche simili al nostro pensiero arcaico.

In questo senso ha ragione Pedro F. Miguel quando scrive: *"il punto di partenza del pensiero nero-africano non è l'essere in quanto tale, il concetto astratto come si può incontrare nella filosofia tradizionale scolastica di stampo aristotelico, ma l'esperienza della vita vissuta, irrorata di energia vitale.*

Un'esperienza vissuta drammaticamente, nel senso etimologico dell'avverbio, un'esperienza, cioè, che vede in scena due forze contrapposte la vita e la morte.'[25]

Non vi è una linea retta ma una circolarità continua che implica continuità anche nel flusso vita/morte/vita. La vita non è quindi o corporale o spirituale ma è una vita totalmente umana, come sottolinea Miguel.

L'essere umano è intero e integro e da questa interezza ed integrità deriva il legame con la comunità e col clan: quella solidarietà tra fratelli e sorelle di cui il pensiero africano è permeato fin nelle radici e che componeva altresì il nucleo delle culture antiche dell'Europa (se pensiamo che fino al secolo scorso la rivalità tra paesi si manifestava in vari modi ed il senso di appartenenza a quello piuttosto che al quell'altro paesino era determinante per stabilire le caratteristiche della persona, possiamo forse riflettere sul concetto di unità e famiglia inteso in senso arcaico).

Tornando al pensiero africano che ci può fare da luce, la maggiore o minore partecipazione alla solidarietà umana determina l'accrescimento o la diminuzione della forza vitale primordiale.

La morte equivale all'interruzione della forza vitale dentro di sé, non alla perdita del mero corpo fisico.

"Quello che gli africani temono non è la morte ma l'essere morti"[26]

Questa vita vissuta drammaticamente va quindi continuamente drammatizzata affinché gli eventi possano reiterarsi nel modo corretto e non disperdersi in un caos senza senso che porterebbe devastazione e distruzione a tutta la realtà.

La drammatizzazione avviene seguendo il filo narrativo del MITO.

Il mito è un insieme di narrative orali ed anonime trasmesse di generazione in generazione che hanno per contenuto la spiegazione di un fatto originario, primordiale legato al passato che ha cambiato la storia del clan.

Generalmente è legato al sacro nel senso che non si tratta di storiografia ma di una narrazione che implica un intervento divino, cosmico di creazione o di riordino del caos.

Può anche rappresentare una giustificazione ad una determinata pratica sociale e culturale ma sempre con una connessione alla dimensione sacralizzata.

---

[25] Pedro F. Miguel, *Kimbanda – Guaritori e salute tra i Bantu dell'Africa Nera*, pag.33

[26] Ibidem, pag. 35

Il tempo del mito è un tempo anch'esso sacro: è il tempo primordiale o *tempo delle origini*.

Il mito è il modello esemplare di tutte le attività significative e di tutto ciò che di significativo avviene nella comunità, grazie alla sua valenza pedagogica insegna le storie primordiali che hanno formato l'uomo.

È la Storia delle storie.

Nel suo essere storia originaria, il mito è quindi una storia profondamente vera, perché narra le azioni primordiali che hanno portato il primo ordine (e quindi la civiltà) e che per questo vanno non solo ricordate ma reiterate, ripetute, per garantire che tale ordine e armonia vengano sempre ristabilite.

Scrive Miguel: *"durante i riti di iniziazione i fanciulli non imparano ciò che hanno fatto i genitori o i nonni, ma quello che, per la prima volta, fu compiuto dagli Antenati nei tempi antichi.*

Certamente, i genitori e i nonni non hanno fatto altro che imitare gli Antenati: si dovrebbe ritenere dunque che, imitando i genitori e i nonni, si possano ottenere gli stessi risultati. Ma gli Africani non ragionano così, perché ciò richiederebbe di non riconoscere la funzione del tempo delle Origini"[27]

Il mito è il vero libro sacro perché narra la storia sacra, la storia creativa, ciò che ha dato senso al nostro esistere.

A questo punto viene spontaneo chiedersi quali sono i nostri miti delle origini? E se hanno ancora effetto sulla nostra identità collettiva oltre che individuale.

La Bibbia forse sì ma solo in parte, in quanto si riferisce ad un popolo mediorientale diverso per storia e cultura dalle popolazioni italiche che abitavano la penisola.

Le religioni romane politeiste? Sì ma anch'esse solo in parte, in quanto durante il dominio romano le credenze locali furono mescolate alle credenze centralizzate politeiste che erano già mescolate alle religiosità greche, mediterranee e mediorientali.

Le storie locali che si narravano nelle stalle fino agli inizi del secolo scorso? Forse, forse queste sono ciò che di più originario possiamo avere per comprendere le culture locali tradizionali che per secoli sono comunque rimaste isolate dal caos della grande storia e che hanno mantenuto almeno l'idea delle origini: storie in parte recuperate ma in gran parte perse con le ultime generazioni sempre più

---

[27] Ibidem, pag, 101

globalizzate.

"In Occidente, la Storia è irreversibile, anche se non mancano aforismi e scuole di pensiero sulla ciclicità di certi avvenimenti e ammonizioni a chi, volendo dimenticare il passato, rischia di riviverlo in futuro.

Riattualizzando i miti, l'Africano è in grado di ripetere ciò che gli Esseri Soprannaturali, gli Eroi e gli Antenati hanno fatto in illo tempore.

Conoscere i miti significa apprendere il segreto dell'origine delle cose e conoscere non soltanto come le cose sono venute ad essere, ma anche dove trovarle e come farle riapparire quando scompaiono"[28]

Ecco la magia. Conoscere non solo come le cose sono state create ma anche dove trovarle e come farle riapparire all'occorrenza.

Vivere il mito è quindi un'esperienza religiosa, magica, sacra, creativa nel senso più completo possibile.

"I personaggi del mito non vengono e-vocati ma «vocati» cioè chiamati, resi presenti: si diviene loro contemporanei. Ne consegue che non si vive più nel tempo cronologico, ma nel tempo primordiale." continua Miguel.

La ripetizione del mito non è una ripetizione meccanica: l'uomo, secondo lo studioso africano *"vivendo il mito, conquista instancabilmente il mondo, lo organizza, trasforma il paesaggio naturale in ambiente culturale.*

In virtù del modello esemplare rivelato dal mito cosmogonico, riattualizzando le gesta degli Dei, l'uomo diviene a sua volta creatore.

Anziché penalizzarlo i miti lo spingono a creare e gli aprono continuamente nuove prospettive. Prospettive che hanno l'arte come spazio privilegiato per manifestarsi (…) Il mito garantisce all'uomo che quanto egli sta per fare è già stato fatto. Quindi il Mondo gli «parla» e, per comprendere il suo linguaggio bisogna conoscere i miti e coglierne i simboli. (…) Il Mondo non è più una massa opaca di oggetti arbitrariamente gettati qua e là, ma è un Cosmo vivente, articolato e significativo".

L'uomo che vive il mito deve quindi ricordarsi la storia mitica condivisa dal suo gruppo etnico o di appartenenza ed essere in grado di riattualizzarla e rivitalizzarla.

Questa riattualizzazione avviene attraverso il rito.

IL RITO

La ripetizione narrativa del mito ovviamente non è casuale si deve collocare in uno spazio ed in un tempo non ordinari e quindi sacri altrimenti non sarebbe diversa dalle azioni quotidiane o dalle

---

[28] e seguenti ibidem, pag, 105-108

rievocazioni storiche.

Questa ripetizione narrativa necessita di azioni precise che si reiterano secondo uno schema preciso e che attraverso il loro linguaggio simbolico attuano un gesto primordiale ed eterno, divino più che umano.

Il rito deve mantenere un suo codice pur manifestando una flessibilità interna; ad esempio nelle manifestazioni legate al Carnevale (antichissima festa di passaggio dall'inverno alla primavera) benché si sia perso il senso ed il legame con il mito non si possono evitare di ripetere alcuni gesti: l'uso delle maschere che rimanda alla drammatizzazione rituale degli spiriti di natura, la nomina della coppia re e reginetta che simboleggia le nozze sacre del divino femminile col divino maschile per fecondare la terra, l'uso dei coriandoli (semi) simbolo di quell'abbondanza e prosperità che si vuole richiamare, i rumori forti per scacciare il negativo e via dicendo.

Gesti simbolici presenti in molte culture e dal significato ben preciso e non casuale che richiamano le unioni primordiali che diedero vita al mondo.

Un altro esempio molto vicino alla nostra cultura è la celebrazione della messa cristiano cattolica: il codice rituale è ben definito e comporta in sintesi un'entrata, l'espiazione dei peccati e la richiesta di perdono (confessione), la purificazione tramite la discesa dello spirito santo, la lettura della sacra parola di Dio, l'esaltazione per i perdono ricevuto *"il signore sia con voi e con il tuo spirito"*, la pace collettiva, la mensa comune del corpo e del sangue del divino figlio del Dio, la gioia e l'uscita dallo spazio sacro con la promessa di un nuovo ritorno. Un grande atto di guarigione spirituale e talvolta anche corporea, come abbiamo già scritto in precedenza.

Allo stesso modo il guaritore per intervenire sulla disarmonia che affligge l'individuo, deve saper ricreare lo spazio ed il tempo delle origini a cui il soggetto appartiene ed accompagnarlo lì, dove tutto può accadere: lì attraverso i gesti antichi (rito) ed in presenza delle forze primordiali (il divino in tutte le sue forme) richiama gli antichi gesti di creazione e quindi di guarigione intesa come armonia perfetta.

Perché così è sempre stato nei secoli dei secoli, amen.

6. PSICOLOGIA POLITEISTICA ED ENERGIA EMOTIVA: LE PERSONE NELLA PERSONA

*"Ci sono più cose in cielo e in terra, Orazio,
di quante se ne sognano nella tua filosofia"*

Shakespeare, Amleto

La drammatizzazione degli eventi originari diventa, come abbiamo visto in precedenza, lo strumento rituale che sostiene ed ingloba l'atto di guarigione intesa ovviamente e sempre nel senso esplicitato, ovvero di armonia e pace tra il micro ed il macrocosmo, qualsiasi cosa questo comporti.

Ed ogni drammatizzazione vede quindi il bisogno di personaggi che ripercorrano il gesto o le gesta mitiche, che incarnino gli spiriti ancestrali e che li rimettano in gioco.

In questo senso vengono chiamati in causa per essere ri-drammatizzati gli spiriti ancestrali, gli spiriti del luogo e/o le divinità.

Maschere, totem, statue, simboli ed iscrizioni e persino fotografie degli avi sono veicoli per richiamare la presenza nel tempo e nello spazio sacri.

Questo universo ricco di esseri, che siano essi legati alla natura come le entità dei luoghi, che siano essi dei o divinità o che siano la catena di discendenti da cui proveniamo, fanno parte di quel pantheon che rappresenta le persone nella persona.

Essi sono figure viventi ed attive se non nel livello di realtà oggettivo e razionale, sicuramente in quello immaginifico e psichico.

Agiscono ed interagiscono col nostro io conscio senza chiederci il permesso. Sono universali perché tipici della psiche umana ed allo stesso tempo particolari perché incarnano il mio lignaggio culturale, il mio clan di appartenenza, il mio territorio di origine.

Chiunque abbia un vissuto di sradicamento dalla propria cultura di appartenenza può comprendere appieno ciò cui cui parlo.

Come figlia di emigrati dal sud d'Italia negli anni sessanta del secolo scorso, sono nata e cresciuta in una cultura, quella piemontese, che il mio DNA psichico non riconosceva e allo stesso tempo non mi sono mai potuta sentire appartenente alla cultura del sud perché i legami sono stati frammentari.

Eppure nel mio sangue la storia dei miei avi ha pulsato più forte di quanto la scolarizzazione e l'integrazione abbiano fatto e sono stata costretta, per trovare un equilibrio interiore, ad integrarne gli aspetti e le caratteristiche.

Pensiamo allora alle difficoltà di chi emigra da paesi culturalmente molto diversi, come dall'Africa verso l'Italia: quale frammentazione delle figure psichiche si generano?

Nelle medicine tradizionali l'appartenenza all'universo cosmico del clan è un dato di fatto.

L'importanza per un africano, per esempio, della famiglia (che spesso comprende molti gradi di parentela e finanche interi villaggi di *fratelli* e *sorelle*) è parte della propria identità personale.

Io come singolo non esisto se non in relazione al mio villaggio, al mio clan, alla mia discendenza materna e paterna. Questo compone la mia identità: ovunque sono in qualche modo non mi perdo perché so chi sono.

Diverso è per la nostra cultura contemporanea per la quale l'io ha valore solo in quanto espressione di un successo totalmente personale conquistato a forza nella lotta di competizione con gli altri.

Mors tua vita mea.

Se entriamo quindi nell'ottica dell'esistenza di questo universo cosmico di persone (antenati, spiriti, dei) che si manifesta non solo fuori di noi ma anche dentro di noi, allora possiamo comprendere finalmente la sostanza del rito: che cos'è e perché funziona.

Altrimenti sarà solo uno scimmiottamento di frasi e gesti inutili.

Il rito chiama ad agire varie figure tra cui, nei riti legati alle guarigioni, vi sono senz'altro il malato, il guaritore o la guaritrice nelle sue varie forme, il divino (l'energia guaritrice), talvolta anche la comunità e non dimentichiamolo: lo spirito della malattia.

Essi interagiscono in un dramma che prevede un canovaccio narrativo che varia da cultura a cultura ma che nelle sue linee molto generali si sintetizza più o meno nei seguenti passaggi: la creazione di uno spazio e di un tempo sacri nei quali si celebra il rito, compreso l'invito al divino e alle forze di natura ad essere presenti e a presenziare.

Segue la presentazione del soggetto al divino nella sua corruttibilità e imperfezione: il malato, il peccatore, il sofferente, colui o colei che ha perso l'armonia con il mondo terreno e ultraterreno.

Il guaritore o la guaritrice preparano il malato attraverso una purificazione rituale: questa può avvenire in vari modi che coinvolgono i vari elementi: dal bere pozioni che possono anche indurre al vomito, a capanne del sudore, ai digiuni, a semplici riti con fumigazioni di salvia bianca o anche solo all'imposizione delle mani o al perdono collettivo nelle cerimonie religiose.

La purificazione è un passaggio fondamentale per preparare il soggetto a ricevere la guarigione: come narra una storiella zen, non si può riempire una tazza già piena.

Quando lo spazio sacro è creato, le divinità o gli avi hanno accettato l'invito ed il soggetto è pronto allora si ha il momento focale dell'intervento: l'estirpazione del male.

Anche qui le pratiche possono essere di vario genere a seconda del rito (singolo o collettivo), del problema da trattare, della cultura di appartenenza.

In ogni caso il male va esorcizzato, bandito, eliminato, fisicamente preso e reso innocuo attraverso il fuoco, la terra, l'acqua e via dicendo e grazie all'intervento delle forze chiamate in aiuto.

Solo a questo punto si ha la possibilità di una rinascita e guarigione: ciò che emerge dal rito è un uomo o una donna o finanche una comunità nuova, rinnovata, ripulita, riallineata col cosmo e le sue sacre regole.

Una morte e rinascita rituale, insomma, come simboleggia bene il serpente caduceo.

Come si può ben vedere nel rito l'importanza dell'aspetto immaginifico è fondamentale.

Non accade nulla se si è soli ma solo se si richiama quel collettivo cosmico di appartenenza.

E non accade nulla sul piano della realtà, ma tutto avviene in quello dell'immaginazione anche collettiva.

Potremmo allora pensare che sia tutta un'illusione e che forse ci stiamo affidando a pratiche superstiziose, illusorie e quindi false.

Ma se questo livello immaginifico non fosse importante per noi e per la nostra salute, se non fosse così vero quanto quello reale, allora psicologi, pubblicità e giochi virtuali non avrebbero né senso né presa sulla nostra mente.

Il fatto che invece abbiano sia senso sia presa e che tutto il marketing contemporaneo in cui siamo immersi, per esempio, sia costruito su un mondo virtuale e immaginale ci può far comprendere quanto l'universo immaginifico sia alla fine più reale ed efficace di quanto pensiamo.

E per quanto mi riguarda preferisco un universo fatto di dei e di avi che non uno fatto di falsi miti indotti dal mercato economico.

Per entrare quindi nella drammatizzazione rituale possiamo fare riferimento a quello che Pedro F. Miguel chiama la psicologia politeistica.

Egli sostiene che il pensiero occidentale sia rimasto imbrigliato in un monoteismo della coscienza in cui la scienza e la metafisica monoteiste sono viste come causa prima di tutto[29]. Questo tipo di pensiero comporta una staticità ed una visione univoca che non lascia spazio alle differenze ed in ultima analisi un egocentrismo dell'io che non riconosce nella comunità e nell'ambiente che lo circonda quella solidarietà esistenziale e quella connessione che invece ha.

Come scrive Miguel, questo monoteismo *"impedisce di esplorare l'universo immaginale"*.

Nel metodo tradizionale e folklorico invece le persone immaginali sono trattate seriamente e la molteplicità è accettata di *default*, così come le differenze e le sfumature.

Di conseguenza il mondo non può essere unitario, la bellezza non può essere uniforme e la personalità non può venire considerata unità del sé.

"Il punto di partenza del Kimbanda (guaritore in lingua Bantu n.d.a.) *è questo: così come la fantasia della malattia è prima di tutto fantasia (e non*

---

[29] Pedro F. Miguel, *Kimbanda – Guaritori e salute tra i Bantu dell'Africa Nera*, pag.76 e sgg.

malattia), così il suo trattamento richiede una terapia incentrata sulla fantasia e, solo in seconda istanza, si aggredisce la malattia'[80]

Senza la fantasia archetipica di patologia, scrive ancora Miguel, il *Kimbanda*, il guaritore o la guaritrice, non sarebbe più lui.

Ecco che chiunque voglia recuperare l'approccio tradizionale alla cura che appartiene anche alla nostra cultura italiana non può non prescindere dal recuperare, mantenere e sviluppare l'occhio dell'immaginifico arcaico, perché è grazie a ciò che egli vede, parla ed agisce per il bene del singolo e della comunità.

Per fare un esempio riporto una formula di guarigione recitata dal *Kimbanda* (Bantu, Angola) e riportata da Miguel:

"Scopo questa capanna: non è polvere quella che scopo, sto scopando i mali e gli spiriti malefici che sono dissimulati in questi angoli.

Sono entrato in comunione con gli spiriti ancestrali del mio culto: è grazie al loro potere ed al loro accordo che sto scopando via la malattia che ha circondato questa dimora.

Contaminazione, spiriti malefici, uscite insieme alla malattia che si trova in questa casa. Vi sprofonderò nell'acqua profonda e silenziosa"[81]

Molte formule magiche della nostra tradizione italiana sono strutturate in modo molto simile.: raccontano di gesti comuni che diventano simbolo di magiche gesta, magari compiute in un tempo arcaico da un Santo e di conseguenza un guaritore della comunità.

- *Malo vento donde vieni?*
Malo vento dove vai?
- *vado sopra N.N.*
- *sopra N.N. non devi andare che è carne battezzata.*
Devi andare in un bosco lontano dove non si sentono suonare campane né passare cristiani, nè galli cantare.[32]

Questa formula riportata dal De Martino, per esempio, è uno scongiuro che veniva utilizzato nel sud d'Italia per trattare l'emicrania così come l'orticaria. Ma la recitazione contro il *malo vento* andava fatta secondo un preciso cerimoniale che prevedeva altre azioni simboliche (e durava tre giorni).

---

[30] Ibidem, p. 77

[31] J. Keniatta, *La montagna dello splendore* in Pedro F. Miguel, op. cit. p.78

[32] De Martino E., *Sud e magia*, p.29

Tali esempi sono esemplificativi di come le persone cosmiche (inclusi gli elementi) si mescolino alla storia del singolo in una narrazione simbolica che può essere altresì simbolicamente gestita e rinarrata in forme diverse e salvifiche.

Compito del guaritore e della guaritrice è esattamente la ri-narrazione salvifica della storia per riallinearla col l'armonia primordiale del cosmo.

Il rito ha valenza educativa individuale e collettiva: riporta alle nozioni di base della cultura di appartenenza.

Questo processo non può quindi avvenire senza il riconoscimento delle persone multiple della psiche.

"La casa nella quale veramente abita la psiche è un insieme di corridoi intercomunicanti, su vari livelli, con finestre ovunque e con ampie aggiunte perennemente «in costruzione»'[33], una casa piena di abitanti, di una natura viva e di un Grande Dio Pan vivente, come scrive Miguel.

Solo attraverso la completa accettazione delle persone archetipe il guaritore o la guaritrice avranno la possibilità di intervenire, dialogare con la malattia e ripristinare gli equilibri unendo e riappacificando le figure, altrimenti scisse, della psiche.

---

[33] Pedro F. Miguel, *Kimbanda – Guaritori e salute tra i Bantu dell'Africa Nera*, pag.79

7. LA GUARIGIONE NARRATIVA

*"Il sonno è il simbolo della rinascita.
Nei miti della creazione, le anime vanno a dormire
mentre ha luogo la trasformazione di una qualche durata,
perché nel sonno siamo ri-creati, rinnovati"*

Clarissa Pikola Estés[34]

Come abbiamo visto nei capitoli precedenti, la struttura psicomagica delle medicine popolari necessita di uno scenario spazio-temporale preciso, o per meglio dire di un a-spazio atemporale, nel quale agiscono una serie di personaggi appartenenti all'universo archetipale sia collettivo sia personale.

Una volta avuto chiaro quali personaggi agiscono nella trama cosmica della vita, è necessario saper farli interagire in modo adeguato per ottenere quella guarigione tanto auspicata in armonia con tutte le forze messe in campo.

La narrazione rituale diventa allora fondamentale come canovaccio interpretativo del significato intrinseco, atavico e simbolico del rito.

Il mito arcaico delle arcaiche gesta è nuovamente portato alla luce, fatto diventare reale, presente, tangibile per tutti i presenti.

Ma il mito non può concretizzarsi nella dimensione umana, troppo

---

[34] C. Pinkola Estés, *Donne che corrono coi lupi*, pag. 154

limitata e limitante: il limite del mito è che ha potere di manifestarsi solo in una dimensione trasversale al di fuori del tempo così come noi lo concepiamo. Altrimenti perde il suo potere salvifico trasformandosi in mera favola, in una storia di grandi gesta lontane piacevole da ascoltare, forse, ma che non ha potere trasformativo, di cambiare il nostro qui e ora.

A tal fine sono il guaritore, la guaritrice, lo sciamano o la sciamana e in ultima analisi il/la sacerdotessa ad avere il ruolo di pontefici: di ponte tra la natura umana limitata e limitante e quella divina e spirituale dove tutto accade davvero.

Essi guidano la comunità, il malato, la famiglia, il clan in un viaggio che è sia dentro sia fuori di sé: un viaggio trasformativo che consente di narrare una nuova storia, diversa da quella nella quale il sofferente è rimasto imbrigliato e, ad imitazione delle grandi gesta divine, salvifica e vincente.

Non c'è divinità o spirito o entità che non abbia una sua storia personale composta di difficoltà da superare, ferite da rimarginare, sconfitte da tramutare in vittorie.

Allo stesso modo la personale storia umana del malato, del sofferente, dell'affranto va salvata, va riscritta, va rinarrata con le nuove complicità affinché volga la trama verso un altro orizzonte.

Il guaritore o la guaritrice nelle sue vesti culturali è dunque l'accompagnatore, il pontefice, la guida che prende per mano ed introduce chi di dovere nello spazio e nel tempo del mito per concedere il privilegio a quest'ultimo di colloquiare con il divino chiunque esso o essa sia e chiedere intercessione e guarigione, ovvero il lieto fine.

IL VIAGGIO

Il tema del viaggio è quindi un primo ed essenziale aspetto della guarigione narrativa: neppure nella medicina contemporanea è possibile ottenere un risultato senza un cammino, sovente doloroso, fatto di esami, attese, diagnosi, cure, talvolta tentativi, fallimenti e vittorie.

Il pellegrinaggio del malato tra dottori, cliniche, ospedali è sovente un viaggio della speranza in cui la parte psicologica e narrativa del proprio dolore, paura, confusione e speranza diventano parte della guarigione stessa o del suo tentativo.

Quante storie seguiamo su social di chi ha combattuto il male del cancro, di chi ha vinto e di chi ha perso e con loro viviamo in simpatia ed empatia tutta la drammaticità dell'esistenza umana?

Allo stesso modo chiedere, pretendere o ritenere che il guaritore guarisca punto perché dotato di poteri soprannaturali significa non aver compreso per nulla sia la funzione di questa importante figura, sia quanto in ultima analisi il rapporto con la vita e con la morte così come con la malattia siano un fatto intimo e personale che ognuno di noi deve avere il coraggio di guardare in faccia.

Quello che il guaritore o la guaritrice possono fare è non lasciarci soli nel momento della confusione, è condurci in un luogo altro dove agiscono altre forze e intercedere per noi affinché quelle forze ci mostrino la strada da percorrere: quella salvifica e redentiva, e fare in modo che, agli dei piacendo, questo viaggio di redenzione sia il meno doloroso ed il più efficace possibile.

Ma in cambio viene sempre e comunque richiesto un cambiamento: che sia nei cuori, nelle abitudini quotidiane, nelle modalità relazionali, nell'approccio che abbiamo con il mondo. Un cambiamento che sia un sacrificio.

Piccolo o grande che sia, è necessario intraprendere un cammino di trasformazione che ci porti ad una modifica del nostro stile di vita.

La storia delle storie, il mito dei miti che si ripete da millenni ed è il fulcro della guarigione per eccellenza è il mito di morte e rinascita o resurrezione.

Dalla dea sumera Inanna che scende negli inferi dove viene denudata ed umiliata dalla sorella Ereškigal fino alla completa morte per poi risorgere e riconquistare il trono sulla terra, alla storia di Gesù di cui tutti festeggiamo le gesta ogni anno. E solo per citare due esempi.

D'altronde il simbolo per eccellenza della medicina e della guarigione è il serpente nella sua versione di caduceo di cui abbiamo scritto in precedenza: la sua dote di rinnovamento attraverso la muta annuale rimanda al mito della vita eterna e della giovinezza senza fine che tutti in qualche modo ambiamo.

Morte e rinascita nella forma circolare dell'Uroboro (il serpente che si morde la coda) è la sintesi esoterica del senso dell'esistenza intera, il nostro ciclo eterno di possibilità di redimerci dal male, dalla limitatezza umana, dalla corruttibilità dell'anima oltre che della carne per uscire dal ciclo e ricongiungerci al divino.

Il viaggio del malato è sempre e comunque un viaggio iniziatico. Può avvenire fisicamente, come un pellegrinaggio, o può essere di carattere animico: un viaggio dell'anima attraverso sogni, visioni o viaggi sciamanici. Oppure può essere un viaggio spirituale: i viaggi sciamanici, certo, ma anche la morte e rinascita rituale che alcune culture tradizionali praticano, oppure l'estasi.

I pellegrinaggi verso i luoghi sacri sono esemplificativi di quanto detto: la ricerca di guarigione, il sacrificio del viaggio, un tempo a piedi, nel quale si abbandonano le sicurezze ma anche gli orpelli, nel quale la fatica è sacrificio, fino al raggiungimento della meta benedetta e alla richiesta della grazia, l'ottenimento di questa e l'ex-voto in segno di ringraziamento: la nostra cultura italiana è piena di questa magia intima ed individuale così come collettiva, locale e territoriale così come diffusa in tutta la penisola.

Affinché un guaritore o una guaritrice siano in grado di accompagnare il sofferente in questo viaggio devono essere in grado anch'essi di viaggiare: tale capacità deriva dalla loro capacità di sognare.

IL SOGNO

Il sogno è il luogo dell'anima, tra corpo e spirito, dove le persone della persona agiscono, parlano, consigliano, ammoniscono, attaccano etc.

Ma è anche il luogo delle infinite possibilità, dove possiamo fare tutto ciò che col corpo è impossibile: volare, trasformarci in animali o entità, rimpicciolirci, andare in qualsiasi posto reale per qualsiasi dimensione ed in qualsiasi tempo.

Tutto quello che accade in sogno è per la nostra psiche e per la nostra mente vero, senza ombra di dubbio.

Che la nostra realtà venga costruita da ciò che sogniamo è un concetto antico, ovvio per le culture tradizionali ed espresso nella nostra cultura occidentale da filosofi come Platone ed il suo mondo delle Idee, da scrittori come Shakespeare che nella Tempesta ricorda che: *"We are such stuff as dreams are made on and our little life is rounded with a sleep."*[35], o dal *core* stesso delle spiritualità buddista e induista per cui la realtà è solo un'illusione e prima o poi verremo svegliati, e per finire dal nostro occidentalissimo universo virtuale in cui passiamo gran parte del tempo attraverso i social ed in cui esprimiamo sovente più di

---

[35] "Noi siamo fatti della stessa materia di cui son fatti i sogni, e la nostra piccola esistenza è circondata dal sonno" n.d.a.

quanto non facciamo nella vita concreta.

Ma il sogno non è solo assenza di veglia: si può sognare in modo vigile amplificando le nostre capacità di entrare in uno stato alterato di coscienza con la meditazione, con l'uso di sostanze psicotrope, con il ritmo e la musica così come sin dagli albori dell'umanità le comunità umane hanno fatto.

Nel sogno riceviamo consigli per i nostri viaggi, per le guarigioni ma anche plasmiamo le realtà future e parliamo con le entità (o loro parlano a noi).

E lascio ancora la parola a Pedro Miguel: *"Il mondo dei sogni è reale e per questo esige la stessa attenzione degli avvenimenti della vita quotidiana.*

È nel sogno che l'anima «vaga»: la psiche, non giacendo sotto il dominio dell'io egocentrico, mostra liberamente i suoi movimenti, le sue facce e le sue persone che pure hanno ricevuto «materiale» dalla parte cosciente, dal mondo diurno"[36]

Nel sogno l'anima può muoversi senza confini, può incontrare le persone della persona e tutti insieme possono instaurare un dialogo libero senza preoccuparsi della logica o razionalità.

Nel sogno, che ha origine nella sfera soprannaturale, l'anima umana lascia temporaneamente il corpo pesante, limitativo e condizionato da questo spazio e questo tempo ben definiti.

Il guaritore o la guaritrice sono sempre molto attenti ai sogni, sia ai propri sia a quelli di chi li consulta. Per loro il sogno è l'incontro notturno con una pluralità di ombre, nel mondo oscuro infero ma anche con spiriti ed entità pronti a proteggere e guidare, ad illuminare un cammino altrimenti confuso ed instabile.

Il compito dei guaritori è ricomporre con armonia la sintesi psicosomatica, come la chiama il già citato Miguel.

Nel sogno la logica aristotelica svanisce: il linguaggio parlato è simbolico, artistico, creativo, arcaico. I frammenti onirici sono tenuti insieme da scene e la storia che si svolge è composta di intrecci narrativi perfettamente funzionanti ma di cui perdiamo il senso una volta aperti gli occhi.

Nel sogno la natura psichica perde il suo egocentrismo e si dilata includendo il noi, l'appartenenza a qualcos'altro di non ben definito magari ma di chiaro.

La coscienza da monoteista si fa politeista: nel sogno io sono tutti i personaggi e tutti i personaggi sono me.

---

[36] Pedro F. Miguel, *Kimbanda – Guaritori e salute tra i Bantu dell'Africa Nera*, pag. 120

Il sogno è esperienza che prepara all'*oltre*: a quella dimensione ultraterrena che è la casa da cui proveniamo e a cui ritorneremo. I sogni sono una sorta di preparazione alla morte.

"Nella prospettiva mitica anche le parole sono persone"[37] ed agiscono nel sogno allo stesso modo in cui agiscono le immagini.

Forniscono informazioni, puniscono, suggeriscono strategie alternative, parlano un linguaggio simbolico difficile poi da tradurre in quello diurno ma che ha una potenza di chiarimento intuitivo che va oltre qualsiasi cosa che si può spiegare con le parole logiche e razionali.

È un linguaggio sintetico, poetico, immaginifico, potremmo dire psicotico: eppure rivelatore. La Sfinge insegna, così come il linguaggio oracolare.

Il guaritore e la guaritrice si collocano quindi all'interno di questo discorso interiore ma universale tra individualità e forze mitiche: ad essi non interessa la nostra afflizione, i sensi di colpa, il dolore che probabilmente in quanto malati sperimentiamo, ma focalizzano la loro attenzione sul decifrare a quale persona della psiche appartiene la mia afflizione, il mio dolore, la mia sofferenza.

"Entro quale mito si colloca? Quali figure e in quali complessi avanzano in quel momento le loro rivendicazioni? Considerata da questa prospettiva, la colpa portata dall'angoscia assume un altro volto, essa conduce fuori dall'io, fa riconoscere che, in virtù di un'esperienza patologizzata, io sono legato a delle persone archetipiche che vogliono qualcosa da me e alle quali io debbo reverente ricordo. Con il ricordo sollecito la relativa facoltà: la memoria.
Nella memoria, poi, io ritrovo la mia piena identità"[38]

LA MEMORIA

Vediamo quindi quanto sogno e memoria siano il substrato cognitivo nel quale immagini e suoni scrivono la loro narrativa di redenzione. Se il sogno è fresco e immediato e nuovo ogni volta anche quando porta in sé elementi ripetitivi, la memoria narra del tempo immobile ed eterno: di ciò che è diventato fisso come un codice che viene poi utilizzato per trascrivere le nuove esperienze.

Carlo Tullio Altan inserisce anche *epos*, la memoria storica, tra i

---

[37] Ibidem, p. 124
[38] Ibidem, p. 126

valori che permettono ad una società umana di autorappresentarsi[39] e conosciamo bene a cosa la falsificazione della memoria può condurre a livello sociale.

Il guaritore e la guaritrice devono avere conoscenza della memoria storica del clan di appartenenza così come dei miti di fondazione che ne spiegano il senso ed il pantheon di forze a cui fare riferimento.

Nella memoria abitano gli avi, gli anziani e le anziane che hanno costruito e portato avanti la comunità, che hanno superato le difficoltà, sconfitto gli inverni e generato nuove vite affinché il sogno proseguisse.

Nella guarigione narrativa sogno e memoria fanno parte del viaggio del sofferente e il guaritore e la guaritrice sono coloro che ne possono tradurre i significati arcaici e simbolici come tessitori di trame che vagano tra i tempi senza tempo ed il tempo ordinario.

IL SUONO

Abbiamo dunque il viaggio che si compie tra sogno e memoria. Ma come si manifesta? Come si esprime?

Il suono è il quarto elemento, e non l'ultimo.

"In principio era il Verbo ed il verbo era presso Dio ed il Verbo era Dio"[40], in questo modo si apre il vangelo di Giovanni, dove la forza creatrice è vibrazione sonora, come un mantra o un OM recitato nel nulla per smuovere una materia inerte.

La stessa parola greca *logos* porta in sé due significati che sono "parola" e "pensiero" in cui la prima è solo la manifestazione del secondo.

Il suono che genera la materia è un concetto piuttosto diffuso tanto che in tutte e culture non c'è rito che non sia accompagnato dal suono: musica, ritmo, canto (con parole o senza parole), sonagli, tamburi, campane, didgeridoo, campanelle fino a botti e pentolame sbattuto.

Gli strumenti musicali sono tra gli strumenti più antichi prodotti dall'umanità.

Similmente la più evoluta parola non può mancare nei riti di guarigione, fosse anche sibilata in modo incomprensibile tra le labbra dei guaritori.

La parola non nella sua accezione comunicativa ma nel senso di

---

[39] Altan C.T. *Ethnos e civiltà. Identità etniche e valori democratici*
[40] Vangelo di Giovanni, 1:13

vibrazione creativa col potere di trasformazione della realtà, nel suo potere magico.

La parola diventa creatrice ed in questo senso porta con sé pregi e difetti. Dice infatti un detto delle streghe: "attento a ciò che chiedi perché potrebbe avverarsi".

La parola è quindi parola magica, parola rituale, parola divina (di Dio e della Dea), parola scritta come scrittura sacra in amuleti e tatuaggi. È parola che ha potere sulla vita grazie ad una rima, ad una formula magica.

Bisogna essere padroni della parola, soprattutto per un guaritore e una guaritrice: parola e pensiero sono collegati, se la parola è debole o confusa l'universo non coglie ed essa non crea. Anzi: se l'universo fraintende sono guai.

La parola magica e guaritrice deve essere chiara e diretta perché disegna dentro la mente l'immagine di ciò che vogliamo ottenere e quella immagine deve essere netta se vogliamo una risposta coerente.

Deve essere univoca: deve chiedere una cosa sola, se si ha cedimento e ci si lascia invadere di mille desideri che abbiamo, come una fiamma di candela smossa dal vento, essa cede e la richiesta non giunge là dove dovrebbe.

In questo senso le formule magiche sono importanti: danno stabilità, unidirezionalità. Focalizzano sull'intento bypassando l'instabilità della nostra mente.

Una buona parola richiede capacità *in primis* di ascolto: l'ascolto è la condizione indispensabile per cogliere e la dimensione sacra della parola, ed è solo la parola sacra che ha potere di guarigione.

Nelle culture tradizionali la conoscenza viene trasmessa attraverso la parola: il narratore e la narratrice depositari della storia del villaggio hanno la stessa importanza del re/regina, del sacerdote/sacerdotessa e del guaritore/guaritrice. In casi di dubbio sono loro ad essere consultati.

Sovente essi fanno parte del cerchio degli anziani. Nella tradizione Igbo, una etnia che abita il sud est della Nigeria, il clan degli anziani viene consultato per le questioni che hanno turbato l'equilibrio del villaggio perché essi sono i depositari della memoria non solo storica ma anche etica. Allo stesso modo le donne anziane fanno parte di un rispettivo gruppo il cui parere viene altrettanto preso in considerazione e senza il quale non si prescinde, anche se in modo informale[41].

L'oralità nella tradizione è quindi di primaria importanza per mantenere l'ordine etico, morale, spirituale oltre che per definire l'identità non solo genetica ma anche mitica del clan.

Nell'oralità la parola è preziosa e non va persa. In questo senso la parola a memoria ne garantisce la trasmissibilità.

Mancare alla parola data è un disonore e la fiducia si è sempre stabilita grazie alla parola e al suo valore o peso, tanto che un tempo persino i contratti erano validi sulla parola data .

Anche nella nostra cultura globale e mediatica la parola ha un grande valore: essa è diventata come il suono del flauto del pifferaio magico di Hamelin nella fiaba narrata dai Fratelli Grimm. La troviamo ovunque, scritta sui social così come sulle scatole di cartone dei biscotti, detta nei talk show così come nelle pubblicità: essa ci guida, ci consiglia, ci ammalia spostando il nostro desiderio, ampliandolo e confondendolo.

Ci ipnotizza facendoci credere che la felicità sia appena là, svoltato l'angolo che indica, in una laicità spietata che nega gli dei ma ne sostituisce il valore.

Perdiamo memoria non solo per l'uso di supporti esterni ma anche perché le memorie e le parole sono infinite, tante, troppe, contrastanti, mutualmente escludenti, paradossali ed instabili in cui la verità se c'è è ineffabile peggio di una *fairy* nel bosco.

E come i bimbi della fiaba le seguiamo convinti di essere liberi.

L'efficacia della parola è quindi indiscutibile: agisce a livelli consci ed inconsci ed è per questo che vi è una responsabilità intrinseca in chi usa la parola.

Essa fa ciò che dice: "e così sia", "amen", "detto fatto".

Essa concretizza seriamente a livello di realtà ciò che è un'immagine mentale legata ad un pensiero primario.

IL GESTO

Infine è il gesto a dare potenza e ad amplificare il potere della parola.

Il gesto è come una cassa di risonanza, è come una parabola che direziona il suono verso la materia in modo preciso perché esso

---

[41] da colloqui personali con persone di etnia Igbo.

giunga esattamente dove deve arrivare.

La gestualità appartiene al rito e dà forma fisica alla ritualizzazione: la drammatizzazione della guarigione narrativa è fondamentale. Le antiche gesta per essere riprodotte vanno ri-gestualizzate.

Le danze rituali, nelle quali ogni movimento narra una storia, le drammatizzazioni sacre, la meditazione coi suoi mudra, l'iconografia di santi e divinità il cui gesto personale permette di definirne le caratteristiche e di identificarli all'interno di pantheon complessi ed infine i gesti compiuti da guaritore e guaritrice o sacerdote e sacerdotessa nel rituale a cui presiedono, sono tutti gesti specifici senza i quali non si realizza la richiesta di comunione col divino, gli avi o le forze di natura e senza i quali il male non viene scacciato.

Il gesto è come rimescolare nel calderone cosmico: dà moto alle energie, dà movimento, drammatizza ancora l'atto universale e antico. Una sorta di psicodramma sacro, come terapia, gesto più parola.

Può essere legato a simboli (il segno di croce, il creare un cerchio, un pentacolo, bandire, chiamare a sé, etc.), può essere eseguito sulla persona o su un oggetto o su entrambi come nelle segnature.

Dirige le energie (toglie, mette, fa roteare etc.) a mani nude, come in pranoterapia o grazie a strumenti come la bacchetta o il bastone che accompagnano sciamani, guaritori e visibile anche nell'iconografia di santi e sante.

Ma in sintesi nessun gesto curativo, magico o sacro è casuale. Può essere spontaneo e non calcolato ma assolutamente non casuale e nella sua essenza fa parte di quel linguaggio non verbale atavico che abbiamo sviluppato sin dagli albori della nostra vita su questo pianeta.

8. LA GUARIGIONE CONTESTUALE

"Si narra che un tempo in Babilonia i malati erano esposti fuori di un tempio, che ogni viandante era interrogato sui soccorsi terapeutici più convenienti al caso, e che una legge vietava a chiunque di allontanarsi senza prima aver risposto, in modo qualunque, alle domande di colui che soffriva"

Zeno Zanetti[42]

Abbiamo visto dunque che tutta la struttura di guarigione si colloca in una dimensione mediana che sta tra Terra e Cielo, una dimensione sospesa nel tempo e nello spazio.

Dobbiamo ora capire come realizzare questa dimensione.

Il rapporto tra eterno e quotidianità è quel rapporto che ci permette di creare la dimensione rituale mitica di guarigione.

Il primo passo è preparare la persona affinché sia in grado di andare insieme al guaritore nella dimensione mitica.

La preparazione può includere lunghe conversazioni nelle quali in guaritore o la guaritrice chiariscono con il malato i termini del problema e ne forniscono i primi input.

Il soggetto deve infatti esser pronto e saper porre la sua domanda, fare la sua richiesta alle entità chiamate in gioco attraverso la figura

---

[42] Z. Zanetti, *La medicina delle nostre donne*, pag. 3

intermediaria scelta, in modo efficace: una richiesta chiara e senza paure (inclusa la paura di chiedere troppo).

Deve inoltre prepararsi purificandosi dalla sua natura limitata e limitante: digiuni, bagni, una purificazione rituale e simbolica o qualsiasi cosa il guaritore richieda.

Deve quindi avere fiducia nel guaritore e trovare con lui un linguaggio comune d'espressione. Sarà il guaritore o la guaritrice a decidere mezzi, modi e tempi del rito pertanto il fidarsi e l'affidarsi è fondamentale.

Affinché la persona o le persone possano essere portate in questa dimensione mediana, il guaritore deve preparare lo spazio sacro, ovvero costruire sulla terra un altro spazio affinché si possa entrare in un altro tempo.

Le chiese e i templi servono a questo: si varca la soglia e ci si ritrova nel tempo dell'Eterno.

Nel semplice mondo delle medicine tradizionali, uno spazio sacro si costruisce anche sul momento: si traccia un cerchio con un bastone, si addobbano alberi con nastri, si crea una porta d'entrata, si accende una candela nella cucina di casa.

Lo spazio è prevalentemente mentale, mentale e psicomagico ma nella sua simbologia più semplice richiama sempre la mensa e la condivisione che ne deriva.

Generalmente si prepara una tavola o altare sul quale si pongono oggetti che richiamano le forze da invitare: gli elementi acqua, terra, aria e fuoco con ciotole, incensi, ceri e via dicendo.

Si pongono statue, statuine o totem a richiamare le divinità: è meraviglioso vedere gli spazi sacri creati ovunque nella cultura tradizionale messicana per esempio, o in quella africana o gli altari delle tradizioni popolari italiane.

Croci o statue di santi agghindate di rosari, stoffe, fiori così come totem in argilla vestiti di conchiglie, perline e dipinti con calce bianca rappresentano la meraviglia e l'amore verso il mondo del sacro come immanente e non solo trascendente.

Nelle varie forme delle spiritualità anche contemporanee lo spazio sacro viene definito solitamente dalla creazione di un cerchio: il cerchio, forma perfetta per eccellenza, diventa chiesa e tempio, una chiesa portabile, costruibile in ogni luogo ci si senta a contatto con il divino.

Anche Gesù insegnava che *"se due di voi sopra la terra si accorderanno per domandare qualunque cosa, il Padre mio che è nei cieli ve la concederà. Perché dove sono due o tre riuniti nel mio nome, io sono in mezzo a loro"*[43]

Terra, aria, acqua e fuoco (così come le quattro biomolecole che formano la vita sulla terra: carbonio, ossigeno, idrogeno e azoto) sono nella cultura popolare gli elementi simbolici di cui noi ed il nostro mondo siamo fatti: e sono questi che vengono richiamati nella creazione del rituale dello spazio.

Le 4 direzioni Nord, Sud, Est e Ovest per esempio, i quattro evangelisti, i quattro arcangeli e via dicendo sono legati alla croce che divide equamente il cerchio, così come le quattro stagioni nel nostro emisfero dividono il cammino del sole nel cerchio celeste.

La creazione dello spazio sacro si completa con il richiamo del tempo sacro, ovvero vengono invitati gli eterni: gli dei, gli spiriti del luogo, il divino, gli avi...

Quando si è dentro lo spazio sacro, il guaritore come mediatore delle forze richiamate può finalmente operare, e così agisce, crea, toglie, uccide e fa rinascere.

Tutto quello che accade, accade in una dimensione fra i mondi ma accade davvero e per questo agisce in tutte le nostre sfere: fisiche, psichiche e spirituali.

Il cerchio non si spezza fino a conclusione del rito e quando il guaritore o la figura sacerdotale ci riporta al tempo umano.

Il rito può avvenire in molti modi diversi, legati alla cultura e ai luoghi: possono esserci veri e propri rituali che durano anche giorni o possono essere anche molto più semplicemente delle formule farfugliate e dei gesti che il guaritore fa quando comincia ad intervenire sulla persona.

La costruzione mentale però, nelle sue linee generali è la stessa.

Tutto avviene in questo livello mediano: abbiamo la scena in cui l'azione (il dramma) si compie; i simboli grafici, sonori e cinestetici come linguaggio degli dei che compongono il tessuto ovvero la trama della narrazione salvifica sapientemente lavorata dal guaritore e dalla guaritrice; abbiamo lo spazio come comunità qui e allo stesso tempo altrove (stesso spazio ma molte dimensioni) ed abbiamo infine il tempo, quello degli avi e quello degli dei, quello dell'ora ma anche dell'eterno.

Siamo giunti alla fine di questo percorso concettuale: creato il contesto sacro di guarigione così come tracciate trama e ordito della

---

[43] Vangelo di Matteo, 18:19-20

guarigione narrativa, non resta che drammatizzare la nuova storia che intendiamo narrare.

Una storia a questo punto salvifica che sposti il soggetto dall'ossessiva ripetizione del suo disco rotto esistenziale per consegnargli una nuova chance di riscrittura della propria vita.

Riti, cerimonie, interventi curativi stanno all'interno di questa narrazione come riscritture consecutive e riletture di un canovaccio sano e salutare dove il soggetto è finalmente protagonista vivo insieme al suo universo di persone e personaggi accolti e accettati, e non più vittima, schiavo o succube di una situazione opprimente che non gli appartiene.

L'attività delle MT è quindi primariamente concentrata su un'educazione alla salute globale e onnicomprensiva che volge lo sguardo alla salute fisica e sociale così come a quella della psiche e dello spirito.

Il suo intervento terapeutico, attraverso i rimedi naturali e rituali offerti, acquista senso e valore solo se contemplato all'interno di questa struttura morfologica e psicomagica che ne potenzia le caratteristiche e lo differenzia effettivamente dagli approcci della medicina contemporanea e ufficiale alla quale non appartiene, ma con la quale è auspicabile un'integrazione per una visione integrata anche della psiche umana.

9. ETNOMEDICINA OGGI: POSSIBILITÀ ED IMPORTANZA NEL CONTESTO CULTURALE CONTEMPORANEO

*"Dicono che i miracoli son cose che avvenivano in passato,
ora che abbiamo i nostri sapientoni a renderci correnti e quotidiane
cose che un tempo gli uomini tenevano per soprannaturali ed inspiegabili.
Sicché oggidì noi ci facciamo scherno dei terrori dei nostri padri antichi,
rifugiandoci in una conoscenza che tuttavia è soltanto apparente,
quando sarebbe giusto sottostare comunque alla paura dell'ignoto."*

Shakespeare, Tutto è bene quel che finisce bene

Ha senso oggi parlare di etnomedicina riferendoci alle nostre comunità globali e globalizzate?

È possibile una cura o un trattamento seguendo le linee delle medicine popolari così come descritte in precedenza?

Come sconfiggere la superstizione e integrare il sapere popolare con la medicina dotta in un approccio che prenda in carico il benessere completo della persona?

Le domande sono molte e ne pongono di nuove mentre le risposte sarebbero più facili in un contesto socio culturale diverso da quello che invece si presenta oggi.

Ma tornerei all'inizio di queste pagine e all'attenzione mostrata dall'OMS nei confronti di una medicina integrata che sappia proporre approcci tradizionali e popolari seri e sociologicamente interconnessi con la cultura del luogo dove operano.

Una medicina che, a discapito della globalizzazione, continua ad essere presente e a sfociare, dove non ascoltata, in nazionalismi e localismi che di tradizionale hanno solo il tentativo di conservatorismo e la negazione delle differenze.

L'uomo ha bisogno non solo di una pillola chimicamente a prova di efficacia ma anche di un approccio che abbracci se non lo spirito almeno l'anima e la psiche: l'essere umano ha bisogno di uno sguardo olistico, compassionevole, capace di redimerlo dai propri errori, considerati non più come fallimenti ma come tappe necessarie nel complesso viaggio dell'esistenza.

Ed è su questa redenzione che le medicine popolari così come le spiritualità varie, fondano il loro intervento.

Non si occupano del solo corpo: quello solitario lo lasciano alla cura dei medici, confidando nella bontà e nella preparazione di quest'ultimi.

Guaritori e guaritrici prendono in cura anche l'anima e la psiche, il mondo immaginifico, ma non come farebbe uno psicologo o uno psichiatra.

Essi sanno che quel mondo esiste sul serio e non solo nella mente della persona: che quel mondo è il mondo onirico da cui tutti noi proveniamo, è il sogno che ha dato vita ai sogni, è il suono primordiale.

Riconnettere la propria storia individuale con i suoi errori e le sue manchevolezze alla narrativa originaria e cosmica ci consente di guardare negli occhi non solo i nostri limiti ma il nostro potenziale in quanto parti di un universo complesso.

La redenzione è la possibilità di essere ciò che per natura si è, come un seme che spontaneamente diventa un albero e non un altro.

Il guaritore allora ha una funzione fondamentale di riconnessione dell'io singolo e solitario gettato in una cultura frammentata e competitiva ad una comunità di anime, ad una fratellanza e sorellanza storica e atavica che è il clan di appartenenza, biologico o metaforico che sia.

Se vengo riconnesso, se il senso del mio io trova senso anche per la comunità passata presente e futura, ecco che allora la mia esperienza umana trova pace, trova quell'armonia che si era spezzata e con la sua collocazione ultima trova la sua guarigione, anche nel fisico.

Questo ruolo in una guarigione globale, olistica e non solo fisica, rende il guaritore o sciamano (a qualsiasi genere appartenga) diverso non solo dal medico della medicina scientifica contemporanea, ma persino per certi versi differente dal naturopata o operatore olistico che in qualche modo ne ha incarnato la naturale evoluzione in quest'ultimo secolo.

Fa bene l'Organizzazione Mondiale della Sanità a dividere la Medicina Tradizionale dalla Medicina Complementare, in cui possiamo inserire i nuovi operatori del benessere.

Se entrambe si differenziano dagli approcci medico-scientifici, hanno in comune tra loro solo un approccio olistico e l'utilizzo di rimedi il più naturale possibile.

La seconda, la naturopatia, almeno in Italia ha ormai subito un distacco dalla natura e dal contesto di comunità: essa partecipa al mercato globale del rimedio fitoterapico industrialmente preparato, titolato e controllato e, benché le sue radici siano quelle popolari, si allinea molto meglio con la controparte ufficiale come fosse una figlia non riconosciuta di quest'ultima.

La Medicina Tradizionale invece viaggia per conto proprio perché, anche nei casi possibili in cui utilizza rimedi preparati industrialmente e non solo pozioni autoprodotte, anche in questo caso è l'approccio culturale che cambia: il contesto *metamedico* del guaritore è e rimane quello eterno del rapporto col mito e la guarigione mitica.

Il/la naturopata non è un guaritore, a meno che non torni ad integrare la visione arcaica con l'approccio para-medico nel quale si è formato o formata.

Il guaritore e la guaritrice vivono nel mondo del sogno e sanno andarci quando è il momento: sciamani popolari parlano e agiscono con un linguaggio simbolico che è al di là del tempo la cui punta dell'iceberg, ad un profano contemporaneo, appare composta solo da superstizioni. Quelle superstizioni che hanno tenuto in vita l'umanità nei villaggi rurali per millenni, conducendola fino ad ora, al mercato globale.

Essi hanno anche un compito di fondamentale importanza, quello di educare alla salute attraverso un approccio pedagogico che comunica ed insegna al di là delle barriere scolastiche o di classe: attraverso i simboli, i miti e le storie.

Attraverso le feste, le celebrazioni ed i riti vengono insegnate anche le buone prassi per un rapporto sano con se stessi e con l'ambiente che circonda.

Digiuni, tabù alimentari, prescrizioni apparentemente superstiziose di igiene fisico forniscono istruzioni chiare ed una conoscenza che è medicina preventiva a tutti gli effetti, con un linguaggio arcaico.

Guaritori e guaritrici sono inoltre i custodi ed i tutori della biodiversità e dell'ambiente: con le loro azioni e credenze continuano a proteggerli dallo sfruttamento economico di cui il mercato medico farmaceutico contemporaneo fa parte.

E se si adotta uno sguardo che sa andare oltre la superficie, comincia a diventare chiaro inoltre che la medicina scientifica contemporanea nel suo complesso era, è e sarà sempre di più un lusso per pochi: il popolo per sopravvivere dovrà fare riferimento alla conoscenza antica che è e sarà trasmessa e riattivata solo attraverso i miti e i riti.

Una conoscenza forse inesatta ma efficace quanto basta per la sopravvivenza.

In un futuro in cui tutta questa sapienza tecnologica non esisterà più o sarà per pochi, che ne sarà dell'umanità?

Solo il mito potrà narrarcelo.

RINGRAZIAMENTI

Ringrazio intanto Nicola Diego Dentico: come lui stesso ricorda nella prefazione, ci siamo conosciuti in un momento in cui cercavo di *camminare la mia parola*, come dicono i nativi americani. Cercavo, con ingenuità e anche una certa disperazione dovuta all'anacronismo delle scelte fatte, di essere ciò che la mia natura mi ricordava instancabilmente che sono.
Senza la stima, l'amicizia e la collaborazione di Nicola molto di questo cammino si sarebbe arenato in qualche spiaggia desolata. Se leggete questo libro è anche grazie al fatto che Nicola, camminando il suo cammino e incrociandolo con il mio, lo ha sostenuto e nutrito e continua a farlo tutt'ora.

Ringrazio profondamente Loretta Sebastianelli, scrittrice, poetessa e amante appassionata dello scrivere che con le sue attenzioni e le sue indicazioni mi ha sostenuto nell'osare pubblicare, oltre che nell'osare scrivere, scrivere sempre.

Ringrazio Matilde Abrigo per aver messo in gioco la sua creatività disegnando la copertina di questo libro. La ringrazio (da mamma a figlia) anche per l'amore ed il sostegno che mi regala quando mi avventuro in storie come questa.

Ringrazio Katia Ravalli, Isabella Barreca, gli alunni della S.Me.P.It., la scuola di medicina popolare italiana fondata da me e Nicola Diego Dentico, e gli altri camminanti nel sentiero della sacralità naturale, per la passione e la resilienza che manifestano ogni giorno nel continuare a credere e ad incarnare temi spesso considerati scomodi, anacronistici e primitivi. Senza la loro forza non avrei avuto la mia, di forza, per credere che questo testo sia comunque necessario.

BIBLIOGRAFIA E LINKOGRAFIA ESSENZIALE

AA.VV. *Forest medicine – le medicine tradizionali una risorsa da conoscere*, COE,Milano 2003

ALTAN C.T. *Ethnos e civiltà. Identità etniche e valori democratici*, Feltrinelli, Milano 1995

BALICE M. *Simbologia lunare e tradizione popolare*, in "L'Ombra – tracce e percorsi a partire da Jung", V, 7/8, 1999

BALICE M. *Il calendario rituale contadino: il ciclo della vita nel Casalese* (Tesi di laurea, A. A. 1993/1994, Corso di Laurea in Pedagogia, Università degli Studi di Torino) – visionabile c/o Biblioteca Municipale Casale Monferrato – Al

BONNET J. *La terra delle donne e le sue magie*, Red Edizioni, Como, 1991

CASTANEDA C. *Gli insegnamenti di Don Juan*, Bur Rizzoli, Milano 2016

DE MARTINO E. *Sud e magia*, Universale economica Feltrinelli, Milano 2017

DE MARTINO E. *Il mondo magico*, Bollati Boringhieri, Torino 2007

DENTICO D. *Il giardino delle curanderas*, Anima, Milano 2018

DENTICO D. *Sciamanesimo Maya*, Anima, Milano 2020

EVANS-PRITCHARD E.E. *Stregoneria, oracoli e magia tra gli Azande*, Raffaello Cortina Editore, Milano 2002

FIUME M. *Vita di Orazia, contadina e guaritrice*, La Luna, Palermo 1988

GAVATORTA F. e MILANESI R. *Transmedia experience, dallo storytelling alla narrazione totale*, Franco Angeli, Milano 2020

GIMBUTAS M. *The language of the Goddess* Thames & Hudson, Londra 1989

GIMBUTAS M. *Kurgan, le origini della cultura europea*, Medusa, Milano 2010

ILLICH I. *Nemesi Medica*, Red, Milano 2005

LÉVI-STRAUSS C. *Tristi Tropici*, Il Saggiatore, Milano 2015

LUCIANI RUSSO M. *Donne sciamane*, Venexia, Roma 2012

MIGUEL P.F. *Kimbanda – Guaritori e salute tra i Bantu dell'Africa Nera*, Associazione "Nuova Specie", Edistampa, Foggia 1997

PINKOLA ESTÉS C. *Donne che corrono coi lupi*, Frassinelli, 1993

SCARPA A. *Etnomedicina*, Lucisano Editore, Milano 1980

SCARPA A. *Pratiche di etnomedicina, i fattori psicosomatici nei sistemi medici tradizionali*, Red, Como 1988

SEBASTIANELLI L. *Lo scrittore mago*, Uno Editori, 2018
ZANETTI Z. *La medicina delle nostre donne*, Città di Castello, Perugia, 1892

WHO Traditional Medicine Strategy: 2002-2005
https://apps.who.int/medicinedocs/en/d/Js2297e/
WHO Traditional Medicine Strategy: 2014-2023"
https://apps.who.int/medicinedocs/en/m/abstract/Js21201en/
indice

L'AUTRICE

MICAELA BALICE è laureata in Pedagogia con indirizzo sociologico, Naturopata Floriterapeuta e lavora nel campo della formazione degli adulti e dell'orientamento professionale.

Libera ricercatrice per quanto riguarda il linguaggio simbolico e archetipale, in particolare legato al mondo femmininile, propone consulenze, workshop e seminari nei quali unisce le competenze del coaching alle possibilità *tras-formative* del viaggio nel mondo del linguaggio degli archetipi.

Con Nicola Diego Dentico ha fondato nel 2016 la S.Me.P.It. (Scuola di Medicina Popolare Italiana) nella quale vengono recuperate e divulgate le metodiche della medicina popolare della nostra tradizione italiana e le tecniche sciamaniche ad esse correlate.

È docente di Fiori di Bach presso la Scuola di Metaerboristeria di Firenze.
Poetessa, con tre libri pubblicati: *Cenerentola balla sola* (Akkuaria Ed.), *I giardini di Inanna* (Akkuaria Ed.) e *Femina versi* (Simple Ed.).

www.micaelabalice.com
micaelabalice.com@gmail.com

INDICE